LE
TRANSPORTÉ

PAR

MÉRY

II

PARIS
GABRIEL ROUX ET CASSANET, ÉDITEURS,
24, rue des Grands-Augustins

1852

LE
TRANSPORTÉ

NOUVEAUTÉS EN VENTE

LES CONFESSIONS DE MARION DELORME

PUBLIÉES PAR EUGÈNE DE MIRECOURT,

Précédées d'un coup d'œil sur le siècle de Louis XIII, par Méry.

BALZAC.

Le Provincial à Paris.	2 vol.
La Femme de soixante ans.	3 vol.
La Lune de miel.	2 vol.
Petites Misères de la vie conjugale.	3 vol.
Modeste Mignon.	4 vol.

CLÉMENCE ROBERT.

Les Mendiants de Paris.	5 vol.
Le Tribunal secret.	4 vol.
Le Pauvre Diable.	2 vol.
Le Roi.	2 vol.
William Shakspeare.	2 vol.
Mandrin.	4 vol.
Le Marquis de Pombal.	1 vol.
La Duchesse d'York.	1 vol.
Les Tombeaux de Saint-Denis.	2 vol.
La Duchesse de Chevreuse.	2 vol.

EMMANUEL GONZALÈS.

Mémoires d'un Ange.	4 vol.
Les Frères de la Côte.	2 vol.
Le Livre d'Amour.	2 vol.

HENRY DE KOCK.

La Course aux Amours.	3 vol.
Lorettes et Gentilshommes.	3 vol.
Le Roi des Étudiants.	2 vol.
La Reine des Grisettes.	2 vol.
Les Amants de ma Maîtresse.	2 vol.
Berthe l'Amoureuse.	2 vol.

ÉLIE BERTHET.

Le Nid de Cigogne.	3 vol.
Le Braconnier.	2 vol.
La Mine d'or.	2 vol.
Richard le Fauconnier.	2 vol.
Le Pacte de Famine.	2 vol.

ROLAND BAUCHERY.

Les Bohémiens de Paris.	2 vol.
La Femme de l'Ouvrier.	2 vol.

Mᵐᵉ CHARLES REYBAUD.

Thérésa.	2 vol.

PIERRE ZACCONE.

Le Dernier Rendez-Vous.	2 vol.

MÉRY.

Le Transporté.	2 vol.
Un Mariage de Paris.	2 vol.
La Veuve inconsolable.	2 vol.
Une Conspiration au Louvre.	2 vol.
La Floride.	2 vol.

PAUL FÉVAL.

La Femme du Banquier.	4 vol.
Le Mendiant noir.	3 vol.
La Haine dans le Mariage.	2 vol.

MOLÉ-GENTILHOMME.

Les Demoiselles de Nesle.	3 vol.
Le Château de Saint-James.	4 vol.
Marie d'Anjou.	2 vol.
La Marquise d'Alpujar.	1 vol.
Le Rêve d'une Mariée.	2 vol.

AMÉDÉE ACHARD.

Roche-Blanche.	2 vol.
Belle Rose.	5 vol.
La Chasse royale.	4 vol.

MICHEL MASSON.

Les Enfants de l'Atelier.	1 vol.
Le Capitaine des trois Couronnes.	4 vol.
Les Incendiaires.	4 vol.

SAINTINE.

La Vierge de Fribourg.	1 vol.

LÉON GOZLAN.

La Dernière Sœur grise.	1 vol.

P.-L. JACOB.

Mémoires de Roquelaure.	7 vol.

ROGER DE BEAUVOIR.

L'Abbé de Choisy.	3 vol.
Mémoires de Mlle Mars.	2 vol.

EUGÈNE DE MIRECOURT.

Madame de Tencin.	2 vol.
La Famille d'Arthenay.	2 vol.

SAINT-MAURICE.

L'Élève de Saint-Cyr.	2 vol.

LE
TRANSPORTÉ

PAR

MÉRY

II

———※———

PARIS
GABRIEL ROUX ET CASSANET, ÉDITEURS,
24, rue des Grands-Augustins.

1852

La prison.

XIII.

Quand le capitaine Coock passait avec son vaisseau, l'*Endeavour*, dans les parages antipodes de l'île de Bligh, il s'écria :

— Mes amis, réjouissez-vous, nous passons sous le pont de Londres !

Le philosophe Burney, qui raconte le fait, ajoute :

« Il y a aussi partout en ce monde des antipodes moraux ; ceux qui marchent sur la neige ont des pieds correspondants aux leurs qui marchent sur le velours des herbes ; les épicuriens du palais de Sommerset ont sous leur table les esclaves de l'Océanie qui meurent de faim.

Tout homme qui jouit peut s'écrier : «Mes amis, désolez-vous, nous passons sur un homme qui souffre ! »

Notre planète a le tort d'être ronde et de fournir ainsi, à chaque instant, à l'esprit ces contrastes odieux.

Nous laissons l'*Eglé* voguant sous des

régions sereines, avec ses heureux passagers, et nous allons retrouver, dans un cachot humide et sous les étreintes glaciales de l'hiver, une malheureuse femme, dont le nom est lié à cette histoire.

Après quelques semaines de captivité, l'œil de l'adorateur reconnaîtrait avec peine Lucrèce Dorio, couchée sur un grabat de paille, et violemment séparée de toute protection.

Chaque jour, elle a reçu la visite de Georges Flamant, et les menaces, les douces paroles, les ruses perfides, les mensonges raffinés ont échoué contre l'impertubable résolution de la belle prisonnière.

Un soir, Georges Flamant, obstiné

comme le crime, entra dans le cachot, déposa une chandelle sur une table grasse de suif, et présenta un journal à Lucrèce en lui disant :

— Veux-tu lire dans cette gazette un article qui t'intéressera ?... Tu refuses ?... Eh bien ! je vais lire moi-même, et tu reliras ensuite, pour te convaincre que je ne mens pas... Voici... C'est la liste des déportés à Sinnamary... Il y a cent trente septembriseurs, et, parmi ces noms, tu peux lire en lettres majuscules le nom de ton amant, Maurice Dessains...

— Maurice Dessains, un septembriseur !

Dit Lucrèce avec un éclat de rire inondé de larmes.

— Le 2 septembre 1792, Maurice avait douze ans tout au plus !

— On peut être septembriseur à tout âge, poursuivit Georges. — Au reste, la justice a parlé, on peut même dire qu'elle a été clémente, cette fois, et qu'elle n'a pas voulu faire tomber cent trente têtes, qui ne méritaient pas de rester sur leurs épaules... Voici ce qu'ajoute le *Journal de Paris*, après avoir donné la série des noms des déportés :

« —A Nantes et à Rochefort, l'exaspération du peuple contre les septembriseurs a été si grande, que, sans les efforts de la police, ces hommes auraient été mis en pièces, avant l'embarquement. »

—Voilà, Lucrèce, comment le peuple ratifie la sentence des juges, et de quelle estime il entoure tes amis...

— Je ne crois pas un mot de ce que vous me lisez,

Dit Lucrèce avec un ton dans lequel un observateur sagace aurait découvert une intention mystérieuse; car, en ce moment le timbre de la voix de Lucrèce était en désaccord avec la situation et trahissait des efforts tentés pour le rendre naturel.

Georges Flamant avait, certes, toutes les qualités vicieuses des races fauves, mais il manquait à son oreille cette délicatesse de perception féline, qui saisit une nuance au vol, et explique un mystère caché au fond d'une voix.

Le scélérat n'est jamais complet.

— Tu ne crois pas ce que je lis, folle petite, dit Flamant ; et bien ! je te le répète... lève-toi, eh viens lire toi-même... c'est bien aisé...

— Et si j'aime mieux croire que vous mentez, moi ! — dit Lucrèce en se levant à demi, tout inondée de ses cheveux noirs.

— Vraiment, ma chère mignonne, — dit Georges, avec un sourire de panthère, — je te trouve étrange... veux-tu que j'approche cette table de ton lit, avec cette bougie de prison, et...

— Je vous défends de faire un pas de plus ! — dit Lucrèce, en rejetant son fleuve de cheveux en arrière, par un brusque mouvement de tête, — si vous avancez, je pousse un cri à faire trembler toutes les voûtes de cet enfer !

— Ne nous fâchons pas, Lucrèce, — dit Flamant avec une douceur aigre, — je ne veux rien obtenir de toi par la violence... je suis un honnête homme... cela te fait rire ?... eh bien ! je te permets de trouver cela plaisant. On n'a pas plus de tolérance que moi... et puisque je suis en train de te lire des mensonges, écoute encore celui-ci, extrait du même journal :

« Le climat de Sinnamary a toujours été

» fatal aux Européens, il y règne une épi-
» démie qui provient de la nature des eaux
» potables, et qui donne des hépatites et
» des affections putrides et mortelles. La
» déportation à Sinnamary est, en d'autres
» termes, une sentence de mort. » ....
Lucrèce, je t'offre encore le journal...
tiens.

Lucrèce, pour toute réponse, s'enveloppa des haillons d'une couverture de laine, et fit un geste impérieux de refus.

— Je connais trop bien la curiosité des femmes pour croire que tu es sincère dans tes refus... Je te laisse le journal, là, sur cette table, et quand tu seras seule, tu le liras.

La jeune femme garda son silence et son immobilité.

— C'est bien ! ajouta Georges ; je comprends ce silence, et je serai bon jusqu'au bout.

Il déposa le journal sur la table, et marchant vers la porte, il ajouta :

— Demain, Lucrèce, le délai de ma patience expire... demain, tu quitteras ce cachot, et tu auras des compagnes... des compagnes dignes de toi... Tu seras jetée dans l'égoût souterrain de cette maison, un véritable enfer, où jurent, crient, hurlent toutes les filles publiques rongées de lèpre et de vice, et soumises à mon autorité sans contrôle.

Alors, Lucrèce, quand ces hideuses créatures t'enlaceront, comme des vipères, dans leurs bras gangrenés, tu pousseras vers moi ton cri de détresse, et moi, je te laisserai te débattre au milieu de ces ulcères vivants et de ce fétide charnier de prostitution !

Georges attendit quelque temps une réponse, et la réponse n'arrivant pas, il poussa un soupir qui ressemblait à un râle, et sortit du cachot.

Le grincement extérieur des verrous retentit trois fois sur la porte, et Lucrèce prêta l'oreille au bruit des pas de Georges, dans le corridor de la prison.

Elle se leva, toujours vêtue de ses haillons de laine, et aussi belle, sous cette livrée de l'indigence, qu'avec son velours et ses pierreries.

On aurait cru voir, si on l'avait vue, la courtisane Madeleine dans sa grotte, cette patrone de toutes les femmes qui ont mérité le pardon des hommes et de Dieu parce qu'elles ont beaucoup aimé.

Sa figure exprimait une résolution qui était sur le point de s'accomplir.

La jeune femme s'assit devant la table, raviva la flamme de la chandelle, et parcourut rapidement le journal, comme si cette lecture l'eût peu intéressée.

Puis, elle parut épeler minutieusement chacune de ses syllabes, avec une attention singulière, comme fait un écolier devant son alphabet.

Deux heures furent consacrées à cette étude dont nul témoin n'aurait pu comprendre le but et le sens.

Enfin, elle quitta ce journal, si longtemps médité, lui donna un léger sourire de satisfaction, et prépara une de ces œuvres patientes que le génie des prisonniers peut seul concevoir et accomplir.

Lucrèce découpa du bout de ses doigts une grande quantité de mots arrachés aux colonnes du journal, et, dans la disette forcée de papier, d'encre et de plume où elle se trouvait, elle parvint à écrire, ou pour mieux dire, à composer le billet suivant, en lettres imprimées.

» Je suis en prison.

» On m'accuse d'avoir conspiré contre
» la République.

» Demandez tout de suite une audience
» à madame Bonaparte, et dites-lui que
» celle qui lui a écrit, le 3 nivôse, un bil-
» let de deux lignes se terminant ainsi :
» *que la garde consulaire veille!* est en pri-
» son, où elle est poursuivie par la haine
» et l'amour d'un scélérat.

» Portez un de mes billets et présentez-
» le à Joséphine pour constater l'idendité
» de mon écriture : celui-ci est composé

» avec les lettres d'un journal. On me re-
» fuse tout.

» Lucrèce Dorio. »

Chaque mot fut collé avec de la mie de pain, sur un petit carré de toile fine, découpé dans un mouchoir.

Ce travail prolongea la veillée de Lucrèce fort avant dans la nuit.

A neuf heures, la femme du geôlier entra, selon l'usage de chaque matin, dans le cachot de Lucrèce.

C'était une créature intraitable plutôt par tempérament que par vertu, une fille de Cerbère que les gâteaux de miel des sibylles ne pouvaient corrompre.

Toutes les tentatives de séduction échouaient devant elle, et Lucrèce qui avait, dans la parole, la grâce nécromancienne des Circés du Directoire, renouvelait, chaque matin et sans réussite, ses demandes, ses offres et ses sollicitations.

— Bonjour, citoyenne Chatard,

Lui dit Lucrèce du fond de son grabat.

— Approchez-vous, s'il vous plaît, pour me rendre un service...

Coupez-moi, avec votre paire de ciseaux, cette boucle de cheveux.

— Eh bien! après? demanda la mégère d'une voix hargneuse.

— Après, vous porterez cette boucle de

cheveux au citoyen Périclès Farjau, rue Faubourg-Martin, 21, au premier.

— Vous savez, citoyenne Dorio, et je l'ai répété cent fois, que toute communication avec le dehors vous est interdite.

— Vous appelez cela une communication, citoyenne Chatard?.. vous n'avez rien à dire, rien à faire, rien à demander, rien à recevoir. Vous montez chez le citoyen Périclès, vous donnez ma boucle de cheveux à la première personne qui se présentera, et vous descendez l'escalier, voilà tout... Si je meurs, un de ces jours, comme je l'espère, je mourrai contente en pensant que le citoyen Périclès possède, à son insu, une boucle de mes cheveux. C'est un caprice de femme, ma bonne citoyenne Chatard... Ensuite, vous me permettrez de vous laisser un témoignage de reconnaissance pour les bontés que vous avez eues pour moi... avant de mourir, on ne doit jamais oublier ceux qui vous ont rendu service... Soyez tranquille, ce n'est pas de l'argent que je veux offrir... l'argent est une insulte... acceptez cette bague... le diamant du milieu est estimé deux mille écus... donnez-vous la peine de l'examiner à côté de la lucarne, au petit jour.

La mégère prit la bague en grommelant, et s'approcha de la lucarne pour la voir dans tous ses détails.

Aussitôt Lucrèce prit la lettre, l'enveloppa des cent replis de son épaisse boucle de cheveux, coupa un cordon de sa ceinture et lia le tout d'une façon peu suspecte pour les yeux les plus méfiants.

— Eh ! bien, citoyenne Chatard, — dit-elle, — que pensez-vous de ce petit bijou ?

— Ça me paraît assez gentil,

Répondit hargneusement la mégère.

— Vous vous trouvez donc bien mal, citoyenne Dorio ?

— Je ne passerai pas la décade, citoyenne Chatard, — dit Lucrèce d'une voix agonisante.

Au fait, — poursuivit la geôlière, — je ne vous rends, pour cette bague, aucun service défendu par les lois de la maison.

— Aucune loi, dit Lucrèce, ne défend de porter une boucle de cheveux au Faubourg Martin, 21.

La geolière, qui s'était approchée du lit, vint se replacer devant la lucarne, pour soumettre la bague à un nouvel examen.

— Eh bien ! — dit-elle, en mettant la bague dans sa poche, — il faut bien faire quelque chose de bon dans sa vie. Nous ne sommes pas des diablesses, dans notre métier... Je vous préviens, citoyenne Dorio, que si vous m'accusiez, avant de mourir, d'avoir accepté une bague, je nierais tout, et on me croirait, parce que ma vie a été irréprochable dans cette maison.

— Je ne vous mettrai pas dans ce cas, citoyenne Chatard.

— Où est votre boucle de cheveux ?

— La voilà toute prête, mettez-la dans votre poche avec la bague, et ne donnez pas la bague pour les cheveux... Quand me donnerez-vous une réponse ?

— Bientôt, en vous apportant votre déjeuner... Je vais courir au faubourg Martin..... je vous avertis que je fais votre commission, sans dire un mot.

— C'est convenu, citoyenne Chatard.

La géôlière sortit, en murmurant des paroles confuses, sorte de monologue dont se servent les panthères lorsqu'elles s'ennuient dans une cage, avant l'heure du dîner.

Quand cette femme fut sortie, Lucrèce s'adressa cette réflexion :

— Au fait, que puis-je risquer, dans cette tentative? La réussite, voilà tout. Si j'échoue, je ne perds qu'une bague; je ne perds donc rien.

A onze heures, la geôlière rentra, plus hargneuse que jamais, en apportant ce déjeuner nauséabond que les républiques et les monarchies servent aux prisonniers avec la même munificence.

Lucrèce se leva sur son lit, et la mégère fit un signe de tête qui voulait dire : — J'ai fait votre commission. Après quoi elle sortit et ferma la porte à triple cadenas.

—Maintenant, attendons, dit Lucrèce; elle vient de me paraître si maussade, cette sorcière, qu'elle doit m'avoir obligée. J'ai de l'espoir.

Les heures se firent séculaires, comme toujours, dans ces occasions.

Lucrèce faisait un raisonnement assez juste :

— Si ma lettre est arrivée, justice ne tardera pas de m'être rendue.

Il y a aux Tuileries un ange de bonté qui veille incessamment sur les malheureux, et qui répare les égarements de la justice, dans cette triste époque où rien n'est encore affermi.

Tous ceux qui s'adressent à l'auguste Joséphine sont exaucés dans leurs vœux; son tribunal d'audience est ouvert nuit et jour, et la réparation ne se fait jamais attendre. Espérons !

Au tomber du jour, le citoyen Périclès Farjau, muni d'un ordre du préfet de police, entrait à la prison et délivrait Lucrèce Dorio et sa femme de chambre Tullie.

Et le lendemain Georges Flamant était destitué, mais non converti.

Georges Flamant.

XIV.

Un agent de la police secrète était autrefois destitué pour la forme.

C'était une satisfaction apparente donnée à quelque haute exigence ou à l'opinion publique.

L'agent avait appris trop de choses dans l'exercice de ses fonctions ; il était de moitié dans trop de secrets administratifs ; et cette science occulte, qui pouvait éclater en révélations accusatrices, le protégeait, même après une disgrâce : quand la main droite le frappait d'une destitution, la main gauche le consolait avec une caresse.

Georges Flamant se trouvait dans la catégorie de ces heureux disgraciés.

Voici comment l'autorité supérieure procéda dans sa destitution :

Georges Flamant rentra dans la prison des femmes, le lendemain du jour où il avait lancé à Lucrèce cette terrible menace, renouvelée des anciens préfets du prétoire qui condamnaient *aux lieux infâmes* la jeune fille coupable de rébellion contre leur brutalité.

— C'est impossible ! s'écria Georges, lorsque la citoyenne Chatard lui annonça la mise en liberté de Lucrèce, et il courut au cachot pour s'assurer de cette vérité impossible.

Le cachot était vide ; il y avait encore sur une table des débris d'un journal, du pain haché en morceaux, et une aiguille avec du fil ; pièces de conviction qui, après un rapide examen, révélèrent le secret de l'évasion à la sagacité de Georges Flamant.

La prisonnière s'était ménagé, à coup sûr, des intelligences dans la geôle ; il y avait évidence de corruption, crime prévu par une loi de nivôse an 3.

Georges blanchit ses lèvres d'écume à cette découverte.

Le crime ne permet pas aux autres d'être criminels, il est intolérant, et condamnerait volontiers une ville à être vertueuse à perpétuité.

Lucrèce avait trouvé un complice dans la geôle !

Cet excès d'audace révoltait sa raison.

Il était vraiment étrange qu'une femme ne consentît pas à subir toutes les tortures du corps et de l'âme et que, trouvant une porte ouverte, elle ne refusât point d'en franchir le seuil.

Georges Flamant courut aux officines de la police, et dénonça le double crime de Lucrèce et de la geôle à son ami intime et chef de bureau, lequel prit la parole et lui dit :

— Mon cher Georges, vous avez été destitué à neuf heures ce matin. Voilà l'ordonnance signée par le préfet.

— Je sais d'où part le coup ! — dit Georges en ébranlant le bureau du chef par un vigoureux coup de poing. — C'est un coquin de ci-devant noble, déguisé en républicain; un blanc verni de bleu, un Alcibiade d'enfer qui m'a dénoncé au ministre! Je l'ai rencontré trois fois, la décade dernière, sur l'escalier du citoyen Fouché; que venait-il faire là, ce chouan?

— Et toi, Georges, dit le chef d'emploi, sais-tu ce que tu as à faire maintenant?

— Parbleu! je le sais bien! je vais songer à mon avancement, comme toujours. On ne s'avance chez nous qu'à coups de destitutions. Voilà, je crois, la sixième que je subis depuis l'affaire du Prévôt des marchands. J'avais cent écus de paie alors, j'en ai cinq cents aujourd'hui, plus le casuel...

— Tu vois bien, mon ami, dit le chef, qu'il faut se faire destituer, à propos, quand on a de l'ambition.

— Oh! ce n'est pas ce qui m'embarrasse, poursuivit Georges; mais cela ne me fera pas oublier le mauvais tour du citoyen Alcibiade. C'est un homme que je trouve sur mes brisées, dans tous les salons et dans toutes les mansardes où il y a une femme facile, une de ces femmes comme il nous en faut à nous, qui n'avons pas le temps d'écrire de longues lettres d'amour comme le citoyen Saint-Preux. Je suis vraiment trop bon; j'aurais pu le faire pendre le 11 frimaire an II, cet Alcibiade, et il n'avait pas volé la corde. N'avait-il pas l'effronterie de porter aux chaînes de sa montre une pièce de vingt-quatre sols, à l'effigie de Capet!

Rien que cela ! Voici ma dernière histoire avec ce chouan qui a pris le nom d'un honnête citoyen grec... J'avais promis mariage, selon mon habitude, à une fraîche blonde de la rue de Rohan, la veuve d'un jeune septembriseur que j'allais arrêter le 4 nivôse ; heureusement pour lui, il avait eu le bon sens de mourir ; je dressai procès-verbal et je le fis enterrer à mes frais.

Ces gueux de septembriseurs ont tous des femmes ou des maîtresses superbes. Les honnêtes gens comme nous meurent de soif à la porte de ces bandits. Ils prennent les trois grâces, et nous laissent les trois Parques. C'était une veuve de seize ans, presque pas mariée, comme tu vois. Elle mourait de misère, de faim et de désespoir. Je lui louai quinze jours de chambre, dans une autre mansarde, je lui donnai quelques écus de six francs ; je lui promis de prendre soin de sa mère ; enfin, je l'accablai de bonnes actions, et je fus payé en monnaie de veuve...

Comme l'année est bonne, et que les veuves et les orphelines ne manquent pas et sont au rabais, j'abandonnai cette Louise Genest, par économie, et je m'en allai commettre ailleurs d'autres bonnes actions à meilleur marché. Cependant, l'autre jour, j'eus une faiblesse de souvenir. Il y a des enfantillages comme ça dans l'homme le plus sage. Je me surpris donc, remontant d'un pas d'amoureux les cinq étages de la maison de Louise, et au milieu de l'escalier, quoiqu'il fît sombre, je la vis descendre avec cet Alcibiade maudit.

On recule devant un scandale public, quand on appartient à la police secrète, je reculai donc, en me disant : A demain. Le lendemain, je trouvai le bel oiseau blond délogé. Alcibiade m'a joué ce tour, et m'a calomnié auprès du ministre ; c'est évident : je lui dois ma destitution ; mais il me doit quelque autre chose lui, et il me la payera ; je suis un terrible créancier.

— Oh! tu ne resteras pas longtemps

destitué, dit le chef de bureau; nous avons besoin de toi, comme d'une lampe quand il fait nuit. Seulement, tu sais ce que tu as à faire pour te remettre en bonne grâce en haut lieu.

— Comment donc! dit Georges; je suis passé maître dans ces vieilles roueries. On m'a destitué, mais moi, je ne me destitue pas... Je vais faire de la police secrète en amateur, on vous sait toujours gré de ce zèle qui n'est plus payé; je vais m'endormir dans le jardin du Palais-National pour écouter les causeries suspectes des émigrés. Je reconnais un émigré à l'odeur. Ils ont du royalisme ambré dans leur perruque; je n'ai pas besoin d'autre signalement. Puis, je vais prendre une tasse de café chez Évezard. C'est un nid de conspirateurs vendéens qui attaquent la République en jouant aux dominos et aux échecs. Quand un joueur demande au garçon de restituer au jeu le *double-blanc*, ou s'il prononce *échec au roi*, avec les larmes aux yeux, je prends bonne note de ce joueur et je me faufile dans sa société pour le suivre sur le chemin d'une indubitable conspiration. Au théâtre, quand on donne la pièce de Sylvain Maréchal, je grave dans ma tête, comme sur bronze, tous ceux qui sifflent le Vésuve, au moment où il brûle les rois. Que te dirai-je? j'ai vingt moyens de ce genre pour employer ma journée au service du gouvernement, et prouver au citoyen préfet Dubois que je suis victime d'une odieuse calomnie; mais loin de me plaindre, je sais attendre en bon patriote le moment de la réhabilitation.

— Très-bien! dit le chef; je connais le citoyen Dubois; c'est un bonhomme, pas plus fin qu'un bailli d'opéra-comique ; il sera touché de tes services gratuits, et te réhabilitera. Ce ne sera pas long.

— Je me donne deux décades de service gratuit, tout au plus, dit Georges.

— Il faut convenir, — dit le chef en se levant pour s'assurer de la discrétion de la porte; — il faut convenir que nous méritons bien l'argent de la République par une foule de qualités qui manquent au vulgaire stupide. Que deviendraient les villes, si les hommes de notre trempe n'existaient pas ?

— Autrefois, ils n'existaient pas, dit Georges ; nous sommes une invention moderne, comme les réverbères... Il n'y a pas d'auditeurs et de témoins ici, nous pouvons ainsi nous dire bien des choses neuves, qui doubleraient encore la longueur des oreilles de nos chefs, s'ils nous entendaient... J'ai beaucoup réfléchi sur la race d'hommes à laquelle nous appartenons, et je me suis classé, comme un animal qui attendrait sa case dans un muséum...

Autrefois, il y avait, sans doute, des hommes comme nous : des hommes adroits, hardis, intelligents, mais très-répulsifs au travail qui fait bien vivre, et procure l'argent qui paye les passions, choses fort chères toujours. Quelle ressource avaient ces hommes de paresse invincible, et de plaisirs impérieux ? Une seule. Ils coupaient la bourse dans une église ; ils fréquentaient le Pont-Neuf et le Pont-au-Change, quand la Samaritaine sonnait minuit, ils entraient chez le voisin, en se trompant de porte, et lui empruntaient de l'argent sans le réveiller ;

ils rendaient une visite nocturne aux voitures publiques égarées dans les bois de Fontainebleau et de Sénart; ou bien, quand ils avaient le génie de Mandrin, ils déclaraient la guerre au roi de France et percevaient les revenus de la gabelle, avant le fermier-général.

Tous ces beaux métiers sont perdus. Les villes et les campagnes sont couvertes de gendarmes, d'agents de police, de patrouilles, d'escouades de sûreté, de gardes nationales sédentaires et mobiles, et de toutes sortes d'épouvantails. Cependant la race de ces hommes ne peut pas mourir de faim, pour obliger le tiers-état stupide, qui s'obstine à défendre son argent, comme si nous n'en avions pas besoin, nous ! il a donc bien fallu se transformer, changer de tactique et d'atelier public.

L'école de Mandrin a quitté la Côte-Saint-André, où il n'y a plus rien à faire, et elle s'est fondue dans le commerce des villes. Nous employons les hautes facultés que nos pères nous ont transmises à des fonctions moins périlleuses ; nous sommes la terreur du vice, et nous protégeons la vertu ; on ne nous arrête plus, nous arrêtons ; on ne nous emprisonne plus, nous emprisonnons. C'est toujours la même race avec sa soif d'argent et de débauches, mais les fils sont mieux traités que les pères, comme tu vois; estimons-nous heureux d'être leurs fils.

— Quoique ton chef — dit l'ami en inclinant la tête — je me prosterne devant ton génie; encore deux ou trois destitutions, et Pitt et Cobourg te prennent pour associé... Maintenant, comment débrouilleras-tu ton affaire avec Lucrèce Dorio, car je pense bien que tu n'abandonnes jamais une belle robe de velours quand ta griffe lui a fait cinq trous en passant?

— Lucrèce Dorio est ma passion chronique — dit Georges d'une voix altérée.

Lucrère, c'est le feu de mon sang, la faim de mes lèvres, le frisson de mes cheveux: elle ne m'a pas perdu; mon amour est une prison dont elle ne s'échappera pas. Je vais recommencer le siége de cette place forte, dans mes moments perdus, et j'en perdrai beaucoup, s'il le faut.

Après quelques mots insignifiants, Georges se rendit à sa petite maison de la rue Thionville, et fit une toilette nouvelle plus conforme à son nouvel état de destitué.

Sous la houppelande marron et le chapeau triangulaire orné d'une large cocarde, il ressembla bientôt à un honnête homme ruiné par le *maximum*, et sollicitant une place de surnuméraire dans les bureaux de l'intérieur.

Il fit trois stations pour se donner la patience d'attendre la nuit, d'abord, au jardin du Palais-Royal, où il se fondit, comme un atôme, dans un immense groupe d'auditeurs qui suivaient des yeux, sur le sable, la canne d'un stratégiste décrivant la bataille de Marengo, avec les positions du baron Mélas et du premier Consul.

Ensuite il entra chez Évezard, au coin de la place du Palais-National, et lut la *Gazette officielle* et le *Mercure* dont l'énigme finale n'avait pas encore été devinée par les Œdipes de l'établissement, ce qui inquiétait un peu la dame du comptoir; puis il remonta vers son faubourg et acheva sa troisième étape d'ennui au café Procope, où le citoyen ci-devant comte de Barneville expliquait le dernier *gambit* inventé par Philidor, sur la table veuve de Jean-Jacques Rousseau.

Quand la nuit tomba, Georges Flamant repassa le Pont-Neuf et dirigea ses pas, à travers les ténèbres des réverbères, du côté de la rue Richelieu.

Au coin de la rue Mesnars, il s'arrêta et appuya son oreille contre les volets du rez-de-chaussée, pour saisir le moindre bruit intérieur qui aurait révélé la présence de la jeune femme dans sa maison.

Un silence obstiné répondit seul.

— Elle est dans quelque théâtre, à coup sûr, se dit Georges. Voilà les femmes! Sortie de prison ce matin, et ce soir au spectacle! Quelle rage de se faire admirer!...

Oui, on joue *OEdipe* ce soir ; madame Scio chante Antigone... Lucrèce et dans sa loge à l'Opéra ! Comme il est facile de deviner l'idée d'une femme, surtout quand elle est folle de son corps, comme Lucrèce Dorio !

Ainsi pensait Georges Flamant, et il courut au théâtre des Arts.

Le premier acte *d'OEdipe* allait à sa fin ; toutes les loges étaient envahies ; toutes, excepté la loge de Lucrèce.

Ce vide provoquait même des remarques, parmi les spectateurs des corridors, et chacun donnait une mauvaise explication, comme on fait toujours quand on veut expliquer.

Impossible de supposer que Lucrèce

passât la soirée ailleurs, lorsqu'on jouait *OEdipe* à l'Opéra.

Georges, après le second acte, reprit donc le chemin de la rue Mesnars, et retrouva le silence qu'il y avait laissé.

Le lendemain lui parut si éloigné qu'il ne se sentit pas la force de l'attendre, et sans trop savoir ce qu'il voulait et ce qu'il faisait, il souleva le marteau de la porte, et la porte s'ouvrant, il entra.

— La citoyenne Lucrèce Dorio ?

Demanda-t-il au portier, avec une voix qui retombait au gosier à chaque syllabe.

Le portier, pris à l'improviste, courba la tête et passa sa main droite sur son front, comme pour y chercher une réponse apprise.

— La citoyenne Lucrèce Dorio, — dit-il, comme l'écolier qui récite, — n'habite plus cette maison ; elle est à la campagne par raison de santé.

— C'est bien ! — dit Georges.

Ce qui signifie *c'est mal,* dans ces sortes d'occasions.

Et il sortit brusquement.

La fausse conspiration.

XV.

La jolie corvette l'*Églé* divisé avec sa proue de petites vagues joyeuses, dont l'écume se replie en deux franges d'argent; l'Océan respire, le vent joue avec les voiles et les pavillons; un sillage lumineux se déroule à l'infini, comme une ornière creusée par le tranchant du navire, et atteste aux passagers que l'*Églé*, prisonnière du calme, a rompu ses fers, et qu'elle vogue vers de nouveaux horizons.

Les passagers et l'équipage offrent un tableau charmant : un touchant intérieur de famille, une réalisation en abrégé de la société idéale, rêvée par les esprits généreux.

Maurice, nonchalamment assis, à tribord, sur le bois saillant du bastingage, contemple, avec l'heureux sourire de la jeunesse, ce tableau d'union fraternelle, cette société flottante qui donne, à son insu, l'exemple de la concorde, et prêche cette vertu divine dans le désert de l'Océan.

Les pensées qui agitaient en ce moment le cœur du jeune déporté peuvent se résumer avec une concision plus énergique, dans ces vers extraits d'un poème inédit :

UNE TRAVERSÉE.

Les nombreux passagers qui, traversant les ondes,
S'en vont, sur un vaisseau, visiter les deux mondes,
Que leur voyage soit serein ou désastreux,
S'accordent tous pour vivre en bons frères entr'eux :
L'immensité des mers, flottantes solitudes ;
L'avenir tout voilé de ses incertitudes ;
Les périls de la veille, et ceux du lendemain,
Tout leur fait un devoir de se serrer la main ;

Et, timides, groupés sur la même coquille,
Ils forment, en passant, une seule famille...
La Terre est un navire, un globe aérien,
Couvert de passagers qui ne connaissent rien,
Qui jamais ne sauront vers quelle destinée
A travers mille écueils leur course est entraînée ;
Quel rivage infernal ou divin ils verront
Surgir dans l'air immense où leurs yeux plongeront !
Eh bien ! au lieu de faire, avec un calme sage,
Unis et fraternels, ce terrible passage ;
Au lieu de l'accomplir, ce ténébreux chemin,
Le sourire à la lèvre et la main dans la main,
Ils voyagent, plongeant, sous quelque idée infâme,
Les poignards dans le cœur et les poisons dans l'âme,
A la moindre raison, déchirant sans pitié
Le pacte solennel que signa l'amitié ;
Et, comme si la Mort, à toutes les frontières,
N'engraisse pas assez l'herbe des cimetières,
Ces pèlerins d'une heure, ici-bas, en passant,
Batailleurs éternels, se nourrissent de sang !

Le médecin moral, Alcibiade, qui avait reçu d'un père la mission de veiller sur Maurice, ne manquait jamais d'arriver, sous un prétexte quelconque, dès que le visage du jeune convalescent se voilait d'une teinte de mélancolie.

Alcibiade arriva donc, comme par hasard, avec le bonjour du matin à la bouche et la main tendue vers la main.

— Vraiment, dit-il, je connais quelque chose de plus amusant qu'un article sur la qualité des eaux équinoxiales, c'est un entretien de matelots, à bord, quand la manœuvre est inutile et que le vent tout seul conduit le navire comme le lieutenant de Dieu.

— Vous avez raison, — dit Maurice, qui, dans sa candeur, ignorait qu'Alcibiade arrivait toujours avec un plan arrêté de conservation.

— Il y a autour du cabestan, — poursuivit Alcibiade, — un groupe de matelots beaucoup plus amusants que les Arabes des *Mille et une Nuits.*

Ils se racontent des choses fabuleuses et pourtant vraies... Un de ces marins surtout... tenez, vous pouvez le voir d'ici... celui qui a des cheveux noirs crépus et un cou de taureau..... Il se nomme Koërdic, un vrai Breton... C'est un narrateur par excellence, et je l'écoute comme j'écouterais Xénophon s'il me racontait la retraite des Dix mille, et l'enthousiasme des Grecs lorsqu'ils découvrirent la mer... Je vous recommande ce Koërdic quand vous aurez de l'ennui..... Il est plus gai que *le Moniteur*... Pourtant, je dois convenir qu'il a un défaut...

— Ah!... et quel défaut, Alcibiade?

— C'est un homme dangereux... très-dangereux, Maurice, surtout pour les jeunes gens un peu exaltés comme nous... A présent, il vient de nous raconter les exploits de l'illustre corsaire Surcouf, dans le golfe du Bengale. Vraiment, cela vous oblige à remercier Dieu de vous avoir fait homme; c'est enivrant comme un hymne de guerre et un premier coup de canon!

— Je crois avoir entendu parler de ce Surcouf,

Dit Maurice, en recueillant ses souvenirs.

— Tout le monde en a entendu parler, mon cher Maurice; mais ce taureau de Koërdic a fait la course avec lui, et il connaît Surcouf mieux que tout le monde, etc.

— Mais, Alcibiade, — interrompit naïvement Maurice,—vous ne m'avez pas expliqué pourquoi ce Koërdic est dangereux...

— Ah! c'est juste! — dit Alcibiade avec un ton admirablement naturel.

Ne causons pas de cela, ici, à voix trop

haute... Voici... Koërdic, en racontant la vie du corsaire, cette vie de joie, de combats, de fêtes, d'amour, de gloire, de richesses, d'enthousiasme, nous fait trop mépriser la vie prosaïquement stupide que nous menons... et, pour tout dire, cet endiablé de Koërdic vient de me faire une description qui m'a sauté au cerveau comme du vin de Lamalgue : il m'a enivré... enivré à tel point que j'ai fait un plan, un plan superbe, qui va sourire à votre ardente imagination.

— Voyons ce plan,

Dit Maurice d'une voix contenue, pour la mettre à l'unisson de celle de son interlocuteur.

— C'est un plan bien simple, poursuivit Alcibiade ; il s'agit de nous faire corsaires...

— Et comment ?

— Encore plus simple. Nous sommes très-nombreux à bord de l'*Eglé*; nous sommes surtout gens de cœur et très-résolus. En fait de conspiration nous ne sommes pas novices ; eh bien ! il ne s'agit que d'embaucher une partie des matelots qui ne demandent pas mieux ; nous jetons à fond de cale le capitaine, et l'*Eglé* va rejoindre Surcouf dans l'Océan indien.

Maurice ouvrit des yeux démesurés et les fixa sur le visage d'Alcibiade.

— Eh! poursuivit celui-ci, voilà une idée! comme cela vous fait bondir le cœur, vous qui êtes né avec la fibre de la conspiration! Et, remarquez bien, Maurice, qu'il ne s'agit pas cette fois d'un de ces complots qui vous font trôner vingt-quatre heures à l'Hôtel-de-Ville de Paris, comme vainqueurs, et vous font tomber, comme vaincus, le lendemain, sur la barre d'un tribunal.

Cela sera le triomphe de notre jeunesse et de notre vie. Tout un monde est à nous. L'Océan nous appartient! les galions sont nos trésors, les golfes nos grandes routes, les îles nos hôtelleries, les combats nos jeux, les archipels nos sérails, les Anglais nos esclaves, les orgies nos fêtes, les étoiles nos flambeaux! Maurice, serrez ma main, et je vous donne ce nouveau monde, comme à un autre Christophe Colomb!

Maurice retira sa main droite et la suspendit, par contenance, aux mailles goudronnées des porte-haubans.

Alcibiade regardait le jeune déporté avec cet air qui provoque une réponse immédiate.

— Avez-vous bien réfléchi, Alcibiade, sur ce projet?

Demanda-t-il d'une voix émue.

— Bien réfléchi.

— Et qui sera le chef de cette conspiration ?

— Parbleu ! moi : c'est de toute justice, je suis l'inventeur.

— Et qui conduira le vaisseau, mon cher Alcibiade ?

— Tout le monde. Les capitaines ont fait leur temps ; on se passera d'eux ; je les regarde comme des préjugés, vieux comme l'amiral Caïus Duilius. L'intelligence humaine a marché, marchons.

— Vraiment ! — dit Maurice avec sa naïveté ordinaire.

— Vous tenez ce matin un langage qui m'étonne beaucoup, mon cher Alcibiade...

— Oh! mon cher Maurice, point d'hésitation ici, point de remarques et de paroles perdues ; je ne vous cacherai même pas que je me suis embarqué, avec cette intention, et que mon plan est vieux : ainsi, l'approuvez-vous, ou ne l'approuvez-vous pas ?

— Il me semble, Alcibiade, qu'on peut discuter un plan, même lorsqu'il est vieux.

— Discutez cinq minutes, et puis n'en parlons plus. Diable! Maurice! comment êtes-vous devenu ? Le calme plat a bien changé la nature de votre cerveau. Avez-vous autant réfléchi, lorsqu'il s'agissait de vous mettre dans une conspiration ridicule contre le premier consul?

— Oh! c'était bien différent, Alcibiade!

— Ah! c'était bien différent!... Vous croyez cela, Maurice..... Allons, je vous accorde cinq minutes supplémentaires pour discuter mon plan; commencez.

— Eh bien! j'admets la réussite de ce complot, dit Maurice; croyez-vous que le pouvoir restera entre vos mains, quand vous l'aurez violemment usurpé?

Croyez-vous que votre ambition satisfaite n'en provoquera pas une autre qui ne l'est pas? Croyez-vous que, sur ce vaisseau, tout le monde n'a pas l'orgueil de penser qu'il commandera aussi bien que vous? et qu'ainsi la violence succédant à la violence, les chefs aux chefs, l'anarchie nous dévorera tous, avant même que nous ayons rencontré sur mer nos ennemis.

— Maurice, dit Alcibiade en feignant la stupéfaction, la mer vous inspire mieux que la terre. Voilà des paroles qui me frappent par leur sagesse; je ne m'attendais pas à cette profondeur de raisonnement; j'ai parlé comme vous, et vous avez répondu comme moi.

Laissez-moi vous serrer la main. Ma conspiration tombe dans l'eau; elle est noyée par votre logique. Depuis le 3 nivôse, Maurice, vous avez fait bien des progrès. Quel service on vous a rendu en vous déportant! Vous êtes guéri d'esprit et de corps.

— N'allez pas croire, au moins, — dit Maurice d'un ton fier, — que je vous parle ainsi par lâcheté. Donnez-moi une occasion honnête et vraiment patriotique de servir mon pays avec courage, et vous verrez si l'énergie du républicain de 92 ne se réveille pas!

— Je vous crois sur parole, mon cher Maurice; l'essentiel pour moi était de me démontrer à moi-même, par cette espèce d'apologue d'un complot à bord d'un navire, que la logique et la raison rentraient dans votre esprit, à la faveur de ces réflexions salutaires qu'inspire un long voyage sur mer. Je crois maintenant que si vous étiez à Paris, vous prendriez du service dans la garde du premier consul.

Maurice fit un sourire qui tenait le milieu entre une affirmation et une dénégation.

— Je me félicite, dit-il, d'avoir donné tête baissée dans le piége de votre prétendu complot de corsaire. Vous connaissez mes sentiments. Je pense qu'il faut se connaître à fond entre nouveaux amis.

— Bien pensé, Maurice! c'est le dernier piége que je vous tendrai... Maintenant, passons du grave au doux.... Il me semble que toutes nos belles passagères ne sont pas au grand complet là-bas, au gynécée de la proue... Vous ne vous abaissez pas, vous, Maurice, à ces détails efféminés ; vous êtes comme le sage Bias à bord de la trirème de Corinthe. Excusez un fou comme moi. J'ai pris sur terre des habitudes galantes que je continue sur mer ; le Directoire m'a perverti.

Pendant que vous conspiriez contre les hommes, je conspirais contre les femmes ; mon rôle était plus dangereux... Hier soir, je vous ai ébauché une confidence. J'ai la manie de l'indiscrétion, moi ; ce sont mes mœurs du Directoire... Ce matin, je serai plus explicite ; à défaut de confident, je raconterais mes amours au grand-mât. Cela veut dire que j'aime Louise Genest, la perle de l'*Eglé*... Je ne l'ai pas encore aperçue sur le pont, et, quoique le soleil soit levé depuis trois heures, il me semble qu'il fait encore nuit... Maurice, avez-vous remarqué Louise Genest dans vos distractions?

— Mais... j'ai remarqué beaucoup de passagères..... Quelques-unes m'ont paru assez jolies... autant qu'il est possible d'en juger de loin...... D'ailleurs, elles montent rarement sur le pont..... Nous avons eu de si mauvais temps!..... Ah! mon cher Alcibiade! que votre naturel est heureux!

— Je vous comprends, Maurice; vous avez reconnu en moi un jeune homme qui a le privilége de savoir oublier. C'est vrai; l'Océan, pour moi, est comme le fleuve païen de l'oubli. Je ne me souviens plus de mes anciens amours les plus nouveaux...

Mais vous, Maurice, votre pensée flotte encore bien loin d'ici; il y a une image toujours levée à cet horizon du nord, dans la direction de la rue Mesnars... Si nous relâchons au Cap, je boirai du vin de Constance à votre santé.

— Non, Alcibiade, non, — dit Maurice avec tristésse, — je sens, au contraire, que chaque flot de cette mer emporte un lambeau de mon passé; il me semble que j'ai laissé mon cadavre en France et que je vais trouver, dans quelque terre inconnue, une âme nouvelle et d'autres affections sous un autre ciel. Dieu m'a donné deux existences : la première est finie, la seconde commencera bientôt. Ce navire me fait passer du néant à la résurrection.

— Vos paroles sont un peu brumeuses, par ce soleil de 40 degrés qui nous éblouit, — dit Maurice ; — mais je crois que votre brouillard oratoire signifie que vous ne reculeriez pas devant un nouvel amour, s'il se levait comme une étoile sur cet horizon.

Maurice garda le silence et baissa les yeux.

— Cela étant ainsi, — ajouta Alcibiade, vous allez *dépouiller le vieil homme*, comme dit l'Évangile, et j'ai pour vous, là-bas, dans ma cabine, l'uniforme blanc des catéchumènes du tropique. Venez voir cela, mon ami.

Maurice suivit machinalement Alcibiade sans trop savoir de quoi il s'agissait.

Dans l'entrepont, Alcibiade lui dit en lui montrant un assortiment complet de toilettes équinoxiales :

—Quittez vos lourds habits de jacobin septentrional, et costumez-vous en Lovelace indien. Ensuite venez me rejoindre sur le pont.

— Mais à qui suis-je redevable de ce présent?

Demanda Maurice en se croisant les mains au-dessus de sa tête.

— A qui?... Vous allez le savoir, Maurice. D'abord, ce n'est pas à moi; je ne suis pas assez riche pour prodiguer le basin anglais et le nankin de Canton aux amis.....
Écoutez-moi bien, Maurice; c'est le pilote de l'*Eglé* qui vous fait ce léger présent...
Oh! que votre fierté ne s'alarme pas! un déporté habillé de gros drap bleu a le droit de recevoir des étoffes d'été sous l'équateur. Je suis aussi fier que vous, moi,

et noble depuis Henri II, car je *porte d'azur aux trois merlettes d'argent*, ou, du moins, je portais cela, avant la nuit du 4 août si fatale au blason; eh bien! j'ai accepté ce costume tropical, que voici, de la main du pilote de l'*Eglé*.

— Mais ce pilote habille donc tout le monde ici?

Demanda Maurice, en essayant une veste chinoise.

— Non; il vous habille, vous, comme le plus jeune et le plus intéressant des transportés.

— Je cours remercier ce brave homme, et...

— Gardez-vous-en bien !

Dit Alcibiade en l'arrêtant.

— Il est défendu aux hommes de l'équipage de s'entretenir avec les déportés, sous peine de mort. L'avez-vous oublié?

— Alors, Alcibiade, je vous charge...

— Écoutez, Maurice, voici ce que vous avez à faire. Habillez-vous tropicalement et venez me rejoindre là-haut : tout s'arrangera. Vous suivrez mes conseils; vous remercierez le pilote, et personne ne sera condamné à mort... A bientôt.

Une voile !

XVI.

Dans une traversée, le moindre incident est un spectacle.

Ainsi, lorsque Maurice parut sur le pont avec son costume de tropique, il souleva de la proue à la poupe un murmure d'admiration; les symptômes du valétudinaire avaient disparu avec la dépouille européenne.

Ce vêtement nouveau laissait voir une taille élégante et svelte et un torse solidement ciselé.

Son visage avait perdu la pâleur de la souffrance sous une triple couche de soleil; ses cheveux jaillissaient en boucles noires des ailes d'un chapeau de paille, et la vigueur éclatait partout sur ce corps jeune, et accompagnait chaque mouvement.

— Mon ami, — lui dit Alcibiade en l'abordant.

Vous faites sédition à bord. Il n'y a que des yeux ouverts sur vous dans le quartier de nos belles passagères. Les hommes murmurent de jalousie, et moi-même je fais chorus avec eux. Je n'avais jamais remarqué, comme aujourd'hui, l'effet que produisent deux grands yeux noirs pleins de feu avec cette toilette couleur de neige. Je vous permets d'être fat, cher Maurice, mais n'humiliez pas trop les voisins, et songez au sort de ce jeune Hylas, qui fut abandonné par des matelots jaloux sur une île déserte ; c'est la dernière citation que j'emprunte à la mythologie, vieille habitude du Directoire, intolérable sous l'équateur.

— Dans toutes vos belles paroles, pourtant, — dit Maurice avec un sourire de ressuscité, vous avez oublié cet excellent pilote, qui m'a vêtu conformément aux lois du soleil.

— Très-bien! Maurice, vous prenez le style d'un homme radicalement guéri. Nouveau progrès... Attendez, laissez-moi vous découvrir, dans le peuple du pont, ce digne marin qui habille si bien les autres, et s'habille si mal lui-même. Ce saint Martin de l'*Eglé*...

Ah! je l'aperçois!... Maurice, point d'imprudence... vous êtes observé... il ne faut pas qu'on vous soupçonne d'entretenir des relations mystérieuses avec les gens du bord...

— Soyez tranquille, Alcibiade, je ne suis pas un enfant.

— Bon !... dirigez nonchalamment vos regards du côté de l'arrière, à quinze pas de nous, là où le soleil fait un grand cercle d'or sur le pont... il y a un marin assis sur un rouleau de câbles... un marin, avec une chemise bleue, ouverte sur la poitrine... il joue du doigt avec un bout de corde flottante, comme un chat qui ne sait que faire... Le voyez-vous, Maurice ?

— Parfaitement... je l'avais même déjà remarqué ce matin... ses yeux se sont souvent rencontrés avec les miens, dans la traversée... Quelle franche figure d'honnête homme, il a notre pilote !... Ah ! le voilà qui se compromet... Il m'adresse un sourire et un léger salut de main...

— Oh! vous pouvez lui rendre son sourire et son salut...

— Sans danger, Alcibiade?

— Sans danger.

— Avez-vous vu, Alcibiade, comme sa figure s'est épanouie de joie?... je crois même qu'il essuie quelques larmes avec sa main...

— Oh! cela se conçoit très-bien, Maurice. Il y a des hommes qui font une bonne action par égoïsme; cela leur donne une volupté si grande, qu'ils pleurent d'émotion en regardant leur bienfait. Égoïsme pur!

— Très-pur, j'en conviens, Alcibiade;

il serait à désirer que tout le monde fût égoïste comme ce marin.

— Ah! oui, Maurice... Malheureusement c'est une classe d'égoïstes à part, et les adeptes sont peu nombreux, on ne les trouve que sur mer.

— Savez-vous le nom de ce pilote égoïste?

— Je l'ignore. Vous savez qu'à bord d'un vaisseau personne n'a un nom. Un pilote s'appelle *le Pilote*. Cela suffit.

— Celui-ci, Alcibiade, dit Maurice en examinant avec attention son père, — est un type du marin méridional. Sa figure a la mobilité convulsive des marins du midi; je n'avais que treize ans lorsque j'ai quitté mon pays natal, mais tous les types de marins de Toulon me sont restés dans la mémoire.

Un jour ma mère me conduisit à bord d'un vaisseau à trois ponts qui revenait d'un long voyage. Nous allions demander des nouvelles de mon père à un brave officier nommé l'Infernet, qui était de Toulon. Je regardai tous les hommes du bord avec l'espoir de reconnaître, parmi eux, mon père que je n'avais vu qu'une fois. Ces figures mâles et vives me frappèrent.

Je me plaisais surtout à regarder l'Infernet, un vrai géant, avec un visage à la fois doux et terrible, comme le visage de la mer. Or, en ce moment, les traits de l'Infernet et de ses braves compagnons se retracent à mon souvenir, et, en examinant ce pilote, je retrouve dans son regard et dans les lignes agitées de sa face brune, la même expression d'énergie et de douceur. Je serais heureux d'apprendre que je ne me suis pas trompé.

En ce moment le cri : *Une voile!* retentit au sommet de la vigie, et sembla réveiller en sursaut le navire endormi dans la volupté sur le lit de l'Océan.

Tous les yeux n'eurent qu'un seul regard, et les lunettes se braquèrent sur l'horizon.

Sidore Brémond fit avec son bras droit

un geste brusque, qui signifiait : au diable la voile !

Et s'arrachant violemment à son extase paternelle, il se pencha sur la mer, et mit sa main en auvent sur les yeux, pour mieux apercevoir le navire signalé.

Le commandant de l'*Eglé*, jusqu'à cette heure invisible comme un dieu, apparut sur le pont, et déroulant une longue lunette, il l'appuya dans la maille d'une échelle, et regarda longtemps avec une singulière attention.

Le pilote balança nonchalamment sa tête, fit jaillir de ses lèvres serrées une syllabe sans lettres, et vint se placer à côté du commandant de l'*Eglé*.

— Sidore, dit le commandant, tu as l'œil de la mer, regarde et dis-moi ton avis.

— Oui, mon commandant.

Le pilote ne se servit qu'un instant de la lunette, et il la rendit en regardant le capitaine d'un air significatif.

— Tu as bien vu, Sidore ? dit celui-ci.

— Oh ! trop bien, commandant.

C'est un vaisseau à trois ponts ; je l'ai vu de près à Aboukir ; c'est le *King-Georges*.

— Vingt-quatre pièces de canon contre cent vingt, dit le commandant, on peut se battre.

On passe sous la première bordée, et

nous sommes assez de monde pour réussir.

Sidore lança un regard sur son fils, et secoua la tête d'un air d'incrédulité.

— Comment! Sidore, tu doutes, toi, un loup de mer doublé et chevillé en cuivre! Tu veux passer devant l'Anglais sans le saluer?

— Il y a des cas, mon commandant, où il faut être impoli, même envers l'Anglais.

— Tu te fais poltron en vieillissant, mon brave Sidore.

— Je me fais prudent. Si nous n'étions que des hommes à bord, on a toujours la ressource de mettre le feu à la Sainte-Barbe, mais je n'aurai jamais le courage, mon commandant, de faire sauter toutes ces pauvres femmes avec nous.

— A la bonne heure! voilà une raison, mon brave Sidore. J'étais bien aise d'avoir ton avis, parce que tu es un protégé du premier Consul.

Le pilote redressa fièrement son torse et regarda son fils.

— Vite à la manœuvre, poursuivit le capitaine; il faut gouverner dans la direction de l'est... A ton poste, Sidore Brémond.

Et faisant signe au second du navire d'approcher, il lui ordonna de faire descendre les passagères sur-le-champ et d'annoncer le *branle-bas*.

—Il se passe quelquechose d'étrange,— disait Alcibiade à Maurice.

Le capitaine parle au pilote. A coup sûr, cette voile de l'horizon ne cache pas un ami.

— Les femmes descendent en pleurant, — disait Maurice.

— Et les canonniers montent en riant, ajoutait Alcibiade ; ceci devient sérieux.

Cependant l'*Eglé* se couvrait de toutes ses voiles, pour ne pas laisser perdre un seul souffle de l'air, et sa proue, habilement dirigée, ne se tournait pas vers l'horizon, où le *King-Georges* voguait avec la pesanteur de ses trois ponts, de sa triple batterie et de ses mâts.

Le capitaine monta sur son banc de quart, et entouré des matelots, des soldats de marine et des déportés il leur dit :

— Mes enfants, l'Anglais est devant vous ; si le combat s'engage, la République vous demande un sublime effort. L'ennemi peut compter nos hommes et nos canons, nous ne compterons pas les siens. Nous nous battrons jusqu'à la mort.

Le cri de *Vive la République!* retentit sur le pont, sur les vergues et dans les batteries.

On envahit la salle d'armes ; les déportés se munirent de pistolets et de sabres d'abordage, et prirent leur rang de combat parmi les soldats de marine.

Alcibiade et Maurice s'étaient armés les premiers.

Après un tumulte effroyable, un religieux silence s'établit sur le pont.

Par intervalles, on entendait la voix du capitaine qui retentissait dans le porte-voix et commandait une manœuvre.

Les canonniers étaient à leurs pièces, et les grappins se dressaient, à tribord, comme des griffes de vautours.

Dans une immense éclaircie d'azur et de soleil, le *King-Georges* apparaissait comme une île sombre couverte d'une brume blanche et toute sillonnée d'éclairs.

Un petit nuage pâle sortit avec une lueur du flanc de ce vaisseau ; un bruit sourd roula de vague en vague et d'horizon en horizon, et la mer fut trouée par un corps invisible, à cent brasses de l'*Eglé*.

Les canonniers de la corvette prirent leur *lance* et se tournèrent vers le banc de quart pour attendre un ordre.

Ce coup de canon avait retenti dans le cœur du pilote Sidore ; il fit des prodiges de manœuvres pour seconder le vent dans ses intentions favorables.

L'*Eglé* déploya bientôt toute l'envergure de ses ailes, et glissa comme sur deux rainures d'acier, inclinées de l'est au couchant ; elle ne fuyait pas, elle semblait emportée par une force invincible loin de ce champ de bataille, où le courage de ses matelots voulait le retenir.

Le *King - Georges* se perdait déjà dans les brumes lumineuses d'un autre horizon et s'évanouissait comme un fantôme de mer, avec le dernier rayon du jour.

D'un Océan à l'autre.

XVII.

Quand on lit les histoires de la mer on s'étonne d'y rencontrer si souvent le miracle providentiel de ces bonnes brises secourables, qui se lèvent soudainement pour délivrer un navire en péril.

On ne peut pas même expliquer cette protection merveilleuse et inespérée à certains drapeaux, à certains hommes, à certains navires, et affirmer, avec le verset de la Bible, que Dieu n'opère pas ce prodige de sauvetage en faveur de toutes les nations (1); elles ont toutes le même droit au même secours, et les Anglais mêmes se sont souvent sauvés à propos, par un de ces miracles de brise soudaine, dans des circonstances où leur habileté maritime n'aurait rien pu faire pour eux.

Tellement la Providence est impartiale dans ses hautes faveurs.

(1) *Non fecit taliter omni nationi* (PSALM,)

Ainsi, pour ne citer que le plus mémorable de ces exemples, lorsque Bonaparte, simple lieutenant, mieux inspiré que le général Dugommier, eut emporté d'assaut le fort du Petit-Gibraltar, la flotte anglaise, à l'ancre dans la rade de Toulon, s'attendit à être foudroyée par les batteries des républicains.

Une mer calme ôtait aux Anglais tout espoir de fuite, la rade allait être leur tombeau.

Au moment où les canons du Petit-Gibraltar se braquaient contre l'escadre ennemie dont les voiles dormaient sur les mâts, une brise de nord-ouest se leva sur les montagnes, et poussa les vaisseaux vers le goulet de la grosse tour, en les chassant après vers la haute mer.

On peut dire que le plus étonnant de tous ces miracles de brise a été fait en cette occasion décisive, et en faveur des Anglais.

L'*Eglé* méritait cette faveur : elle avait des droits à la brise secourable, et le *King-Georges*, qui tenait ses formidables embarcations toutes prêtes, perdit ses boulets dans la mer, et en fut pour ses frais.

Par malheur, le vent qui sauve ressemble beaucoup au vent qui détruit ; la bonne brise, toujours ambitieuse, devient tempête quelquefois.

On évite un vaisseau, on tombe dans un ouragan.

La fable de Carybde et Scylla est l'histoire de la mer.

Les passagers de l'*Eglé* n'eurent pas le bonheur de former un club nocturne sur le pont, et de s'entretenir de tous les incidents qui avaient signalé leur rencontre avec le *King-Georges*.

La tempête sifflait dans l'air, et changeait subitement les cabines en infirmeries.

Ce mal mystérieux que la mer donne aux hommes de la terre, suspendait les doux entretiens du bord, et engourdissait la pensée et la vie dans le cerveau de tous les passagers.

Le poète Horace, qui a déchaîné sa colère contre l'inventeur des vaisseaux, oublie de citer le mal de mer parmi les fléaux que cette invention a imposés à l'homme; ce qui a fait croire à plusieurs savants que le mal de mer est un fléau moderne, un fléau de races et de poitrines dégénérées.

Heureusement, pour l'honneur de nos poitrines, un autre poète raconte une traversée d'Italie en Grèce; il parle du mal de mer, à propos de ces belles dames romaines qui enlevaient des histrions et des joueurs de flûte, pour les suivre aux rivages lointains. Juvénal a complété Horace.

La mer et les hommes n'ont pas changé.

Tous les passagers d'un navire ne sont pas soumis à cette tyrannie de la mer.

Il y a toujours à bord quelques êtres terrestres privilégiés, qui se font marins du premier coup, et marchent, par un mauvais temps, sur la planche d'un navire, comme sur la pelouse d'un jardin.

Cela tient à des causes que la science explique de cette manière : « Ces hommes ont reçu de la nature une heureuse organisation. » Il eût mieux valu ne rien expliquer.

Ainsi, à bord de *l'Eglé*, nous trouverons un exemple de ces heureuses organisations.

Alcibiade seul est debout au milieu

d'une infirmerie de passsagers : il court de cabine en cabine, descend du pont à la cale, va de babord à tribord, de la proue à la poupe ; passant avec les oscillations du funambule, à travers tangage et roulis; secouant l'écume d'une vague et fredonnant toujours un refrain de vaudeville ou d'opéra ; vrai gentilhomme de 88 doublé du Parisien de tous les temps.

Quand il passait devant le pilote, l'entretien était court, mais vif.

Quelques signes ou quelques mots suffisaient à l'intelligence de tous deux.

L'œil de Sidore ressemblait, sous sa paupière, à un point d'interrogation.

L'œil d'Alcibiade se fermait avec un

sourire, et de part et d'autre on savait à quoi s'en tenir.

Cela signifiait, en langue primitive antérieure au vocabulaire : — Comment va mon fils ? — Il va bien, soyez tranquille.

En l'absence de témoins, on hasardait un dialogue au vol.

— Que dites-vous du temps, pilote Brémond ?

— Mauvais, mais bon.

— L'*Eglé* marche-t-elle ?

— Comme un gabian (1).

— Point de danger ?

— Point.

(1) Oiseau de mer, ainsi nommé par les marins.

Le capitaine venait faire quelques promenades sur le pont ; il regardait la mer, essuyait un coup de lame, donnait quelques ordres, et descendait avec un calme solennel l'escalier de l'entrepont. De vieux matelots, habitués à toutes les folies de l'Océan, ne lui faisaient pas l'honneur de le regarder ; ils étaient assis au pied d'un mât, et discutaient pour établir la supériorité de Toulon sur Rochefort, et du Bailli de Suffren sur le comte d'Estaing.

Cependant l'agile corvette courait vers les orageux parages, où le Cap de Bonne-Espérance, s'allongeant vers le pôle, force les navires à faire un détour immense pour le doubler avec moins de péril.

—Ce diable de cap est-il encore bien loin? — demandait Alcibiade en passant devant le pilote.

— Huit degrés; ce n'est rien pour la corvette.

— Marchons-nous toujours bien ?

— Nous filons quatorze nœuds, comme l'*Erable*... Oh ! l'*Erable* !

— Pilote Brémond, y-a-t-il loin du cap à Nossy-bay ?

— Il nous faudra peu de jours, si les courants de ce diable de canal de Mozambique ne nous contrarient pas trop... Et le petit comment va-t-il ?

— Il dort vingt-quatre heures par jour.

— Pauvre enfant !... Avez-vous été content, citoyen Alcibiade, de ma manœuvre devant l'Anglais ?

— Très-content, mon patron.

— Quand j'ai découvert le *King-Georges*, citoyen Alcibiade, je n'ai plus vu que mon fils, et je me suis dit : Sauvons tout pour le sauver.

— Très-bien, Brémond ; je vous quitte pour lui. Excusez-moi.

Les jours qui suivirent amenèrent les mêmes incidents.

Un vent frais soufflait sur le pont, et interdissait toute sortie, même aux passagers que le mal de mer ne tourmentait plus.

L'*Eglé* avait quitté les régions tièdes; les haleines polaires régnaient dans les eaux, où la corvette semblait venir prendre un point d'appui pour remonter dans l'Océan indien.

Le cap des Tempêtes ayant été heureusement doublé, notre navire retrouva le climat délicieux des belles zônes qu'il avait traversées dans l'Océan atlantique.

Les eaux et les brises se firent clémentes, et les courants du canal de Mozambique, si redoutés du pilote, se montrèrent favorables à l'*Eglé*.

Aujourd'hui, lorsque, grâce à la vapeur, on s'embarque de grand matin sur un paquebot pour descendre un fleuve, les passagers, hommes et femmes, entrent, silencieux et mornes, comme des somnambules, dans la *grande salle des voyageurs*.

La bougie brûle encore sur une table, devant un journal abandonné; chacun regarde son voisin d'un air hostile; des masses confuses de drap et d'étoffes emcombrent les banquettes et le plancher; les femmes achèvent le sommeil de l'auberge derrière les voiles verts de leurs chapeaux bosselés.

Quelques hommes, encapuchonnés de burnous, restent debout et bâillent; d'autres s'endorment sur le dur édredon des tables ou sur les banquettes de faux velours.

Un prêtre récite son bréviaire et une religieuse dit son chapelet.

Quand toute cette population flottante se réveille, on croirait voir les funèbres passagers de la barque à Caron.

Les visages distillent la mélancolie; les yeux ont des éclairs sinistres; il semble qu'une guerre civile va éclater entre quatre murs de bois.

Cependant les heures s'écoulent avec les eaux du fleuve : un riant soleil, une fraîche tente appellent ce monde haineux sur le pont du paquebot.

Les paroles circulent, les voiles verts se lèvent, les visages prennent des sourires, les regards se colorent de bienveillance;

et aux dernières heures du voyage, une si touchante familiarité s'établit entre ces passagers, qu'on les croirait tous liés entre eux par une amitié de vieille date.

Cette amitié compte douze heures de paquebot ; elle avait commencé, le matin, par des symptômes d'hostilité sourde.

Si cette singulière métamorphose se fait remarquer, dans une de ces promenades à la vapeur, entre un lever et un coucher du soleil, que ne doit-on pas atttendre d'une longue traversée sur deux océans ?

Aux derniers jours du voyage de l'*Eglé*, lorsque le beau temps eut ramené les passagers et les passagères sous les tentes du pont, l'intimité entre les deux sexes avait pris un carctère sérieux qui promettait beaucoup à l'avenir, et qui devait tenir mieux encore que ce qu'elle promettait, en présence des plus grands témoins de la création, l'Océan et le soleil.

La jeune et belle passagère, Louise Genest, avait reparu à son ancienne place, et Alcibiade, avec son amicale perfidie habituelle, s'était lestement placé entre elle et Maurice, et lui adressait des félicitations sur le courage dont elle avait fait preuve, dans les ennuis et les dangers du bord. — Nous voici bientôt arrivés, madame, lui disait-il, et quand vous aurez mis le pied sur cette terre nouvelle, vous en ferez votre paradis.

— Citoyen Alcibiade, dit la jeune fille

en soupirant, je ne vois pas encore bien clair dans mon avenir.

— Votre avenir, madame, est à vous. On ne pleure pas toujours en ce monde: Dieu nous a donné la joie pour nous en servir après la douleur. Vous avez en vous la jeunesse, la vie, et la force ; je ne parle pas de la beauté, qui ne gâte jamais rien: avec ces trésors, on est riche partout. Regardez, là, devant vous, cet horizon. Il y a une île grande comme la France, et dans cette île un coin adorable, où sont les ombres tièdes, les eaux douces, et les fruits doux. Il y a aussi des trésors de l'amour dans chaque rayon du soleil, et un de ces rayons tombera sur votre front charmant, et réjouira votre âme comme une fête qui n'a point de fin.

— Ah! monsieur, dit Louise, ne me donnez pas de pareils rêves...

— Si je vous les donne, c'est que je ne redoute pas pour vous le réveil, interrompit Alcibiade; croyez-vous donc, Louise, que je vous ai arrachée à votre mansarde pour vous accabler d'une vie telle que la première? Je savais très-bien ce que je faisais, et je sais très-bien ce que je dis en ce moment. Vous ne vous conduisez pas, je vous conduis, et croyez que je ne veux pas vous laisser égarer sur le chemin de votre bonheur.

Alcibiade avait dans sa voix ce charme

qui divinise la parole de l'homme, et qui est la musique du cœur.

Louise regarda d'un œil souriant cet horizon lumineux qui lui était désigné comme une terre de promission.

La jalousie, cette noble passion qui tue l'amour ou le rend immortel, agitait en ce moment le cœur de Maurice et couvrait sa face d'une sueur froide, sous une température africaine.

Ce sentiment, tout nouveau pour lui, donnait à son imagination des perspectives inconnues, et lui révélait surtout une passion véritable dans ce qu'il avait regardé comme un amusement de passager aux prises avec l'ennui.

Alcibiade feignit de le rencontrer par hasard, entre deux mâts, et lui dit : — Je viens de causer un instant avec cette pauvre Louise Genest, et...

— Et ? — dit Maurice, comme un écho qui s'adjoindrait un point d'interrogation.

— Eh bien ! la charmante veuve évite l'abordage comme l'*Eglé* devant le *King-Georges* ; elle ne mord pas à la phrase galante ; c'est une vertu bronzée au soleil de l'équateur. J'étais encore amoureux ce matin, mais ce soir je donne ma démission.

Le visage de Maurice passa subitement de l'agitation à la sérénité, ce qui n'échappa point à la finesse d'Alcibiade.

— Vous reculez bien aisément devant

les obstacles? — dit Maurice en souriant, — les veuves n'oublient pas si vite leurs maris.

— Bah! mon cher Maurice, quand une veuve a mis deux océans, deux longues tempêtes, et le *King-Georges* entre elle et son mari, c'est une veuve de dix ans révolus, et encore j'abrége. Il y a un siècle que le pauvre Genest est mort... Non, ce n'est pas cela, et alors c'est autre chose... c'est...

— C'est?...

— Louise a une inclination secrète au fond du cœur. J'en suis sûr. Je connais les veuves de la terre; celles de la mer sont encore plus veuves. Louise nourrit une passion... heureux mortel!

— Et quel est cet heureux mortel? demanda timidement Maurice.

— Ah! voilà l'énigme! nous sommes trois cents amoureux à bord de l'*Eglé*. Impossible de deviner l'élu.

— Vous dites cela comme si vous le connaissiez, Alcibiade.

— Eh! bien, oui, Maurice, je le connais, et je lui cède volontiers le pas.

— Pouvez-vous me montrer cet élu dans l'équipage, mon cher Alcibiade?

— Maurice, vous vous le montrerez à vous-même, dans un moment... Écoutez; je descends pour causer un instant avec le pilote, ce brave homme que vous aimez tant ; nous voulons vous ménager, lui et moi, une petite surprise quand nous serons en vue de Madagascar...

— Quelle surprise ? demanda vivement Maurice.

— Comment voulez-vous que je vous fasse aujourd'hui une surprise qui doit vous surprendre demain ? Soyez raisonnable, Maurice... écoutez-moi... Quand je serai descendu, en vous quittant, un beau jeune homme s'approchera de Louise, prendra une place à ses pieds, et engagera un entretien avec elle. Ce jeune homme est l'heureux mortel en question. Adieu.

Et Alcibiade s'éloigna en riant...

Maurice garda quelque temps un air pensif, puis secouant la tête, comme pour en chasser une idée importune, il s'avança vers Louise, et s'assit à ses pieds avec de courageuses intentions.

Un quart-d'heure après, Alcibiade passa nonchalamment devant son ami, et, sans le regarder, il dit d'une voix très-distincte:

— Heureux mortel !

Maurice sentit rougir son visage sous sa triple couche de soleil.

Arrivée.

XVIII.

— Voici une place charmante pour causer, — dit Alcibiade à Maurice, en s'asseyant sur les arcs-boutants de la proue, à l'ombre d'une voile.

Aujourd'hui, si le vent nous continue ses bonnes grâces, nous assisterons à un spectale qu'il faudrait payer de la moitié de notre sang.

Après un long voyage, raccourci de beaucoup, il est vrai, par la faveur constante des vents, nous allons enfin voir notre belle terre promise.

C'est le pilote qui vient de me donner cette nouvelle.

Vous verrez un point noir à l'horizon; à chaque élan du navire, ce point s'élargira, en couvrant la ligne du ciel, et deviendra la rade hospitalière qui allonge ses deux bras comme une mère pour recevoir ses enfants.

C'est Nossy-Bay, à la pointe sud de Madagascar.

—Enfin ! nous voilà au port !

Dit Maurice en croisant les mains et en levant les yeux vers le ciel.

— Écoutez, Maurice. Ce port sera le second berceau de votre seconde naissance. Remerciez les hommes et la loi, qui savent si bien récompenser en punissant.

— Au fait, — interrompit Maurice, — je ne comprends pas trop bien les juges des tribunaux de Paris...

— Ni moi non plus, Maurice ; et probablement ils ne se comprennent pas eux-mêmes. En général, les hommes qui font des lois sont des êtres sédentaires qui ont un cabinet d'étude rue Cassette, faubourg Saint-Germain. Ils connaissent les codes de Minos, de Solon, de Lycurgue, de Justinien, et les capitulaires de Charlemagne, mais ils ne sont pas forts en géographie. Ces législateurs ont donc inventé la déportation ou la transportation.

— C'est singulier ! dit Maurice.

— Attendez encore, poursuivit Alcibiade ; vous allez voir les agréments de cette loi.

Exemple : Un jeune homme, et il y en a beaucoup comme celui-là ; un jeune homme se reconnaît un goût invincible pour les voyages de long cours ; il ne rêve que d'Archipels lumineux, d'Océans plus ou moins pacifiques, de mines de perles, d'émeraudes, de diamants, de corail, de femmes de toutes couleurs, séduites avec des verroteries, d'héritières anglaises qui ont une île pour dot.

Par malheur, ces longs voyages coûtent des sommes énormes, et notre jeune rêveur n'a pas un denier. Alors, il se ravise, et prend une résolution sage ; il se faufile, le plus innocemment possible, dans un complot coupable, évite la mort, et n'évite pas la déportation : un superbe vaisseau est nolisé pour le déporté ; la philanthropie des publicistes réclame pour lui les plus grands égards ; on le soigne donc comme un passager qui a payé sa place ; chaque matin, le docteur du bord lui rend une visite. Enfin, il est traité en fils de famille, en aimable enfant prodigue, et il reçoit chaque jour une portion de veau gras de la table du commandant.

— Voilà justement mon histoire, dit Maurice.

— Votre histoire, Maurice, est encore plus compliquée. Vous étiez, vous, déporté, transporté, exilé, par le tribunal du hasard, dans les climats du Nord, homicides pour certaines organisations; vous étiez un Ovide chez les Scythes; un palmier transplanté sur le Pont-Neuf; un enfant du soleil cerclé de glaçons. Vous dépérissiez à vue d'œil, comme le jeune Potavéry, ce sauvage du Sud, domicilié rue Mouffetard.

Voilà que votre nom se trouve mêlé à une liste de conspirateurs. Aussitôt la justice sévère vous déracine du Pont-Neuf où s'exhalait votre dernier souffle ; on fulmine, d'une voix enrhumée par nivôse, un réquisitoire contre vous ; on vous frête une jolie corvette de vingt-quatre pièces de canon, et on vous oblige, au nom de Thémis vengeresse, à vivre, à ressusciter, à respirer les baumes de la mer, à faire trois repas par jour, à être amoureux d'une veuve adorable, à visiter les merveilles de ce monde, universelle patrie de nous tous, et à cultiver sur une terre féconde, cent mille arpents dont le propriétaire est le soleil, lequel se laisse facilement exproprier.

— Voilà un châtiment, c'est vrai, dit Maurice.

— Maintenant, Maurice, croyez-vous être seul à jouir des bénéfices de votre châtiment ? les deux tiers de nos déportés sont dans le même cas. Ils étaient morts comme vous, et comme vous ils vivent. Les hommes ne savent ni récompenser ni punir, et tout cela me prouve que nous marchons à un ordre nouveau, et que la Providence sait bien ce qu'elle fait, si les hommes ne le savent pas...

— Continuez, Alcibiade...

— Je regarde notre brave pilote qui me

fait des signes inintelligibles comme un sauvage de Madagascar... Je crois qu'il demande à être honoré de votre salut... Saluez-le donc, Maurice, avec le plus charmant sourire de vos yeux.

— Mais cette atroce consigne ne finira donc pas? — dit Maurice, après avoir salué gracieusement son père ; me sera-t-il toujours défendu de serrer la main de ce brave homme dont la vue seule me réjouit?

— Un peu de patience, Maurice, toutes les consignes de mer expirent sur terre... Attendez le moment : ce ne sera pas encore très-long.

— Continuez donc, Alcibiade, je suis fâché de vous avoir interrompu.

— Maurice, la révolution de 89 a tout déplacé ; les forces vives du pays montent peu à peu du fond à la surface, et menacent d'envahir le sol tout entier. Il n'y aura bientôt plus de place pour tout le monde au festin. Aujourd'hui, chacun a le droit de vivre, et chacun soutiendra son droit.

La mot *égalité* a traversé l'air, cela suffit, il ne retombera pas au néant. L'avenir est un créancier qui se prépare à demander beaucoup au passé son débiteur : il faudra payer à l'échéance ; avisons. Un homme avait très-bien compris tout ce que le présent doit léguer de broussailles à l'avenir : c'est Bonaparte. Sa récente campagne de Syrie est un mystère dont les esprits frivoles n'ont saisi que la moitié.

Un mot prononcé, comme une phrase d'oracle, devant Saint-Jean-d'Acre, a révélé une pensée féconde et parallèle à la situation. Après soixante assauts inutiles livrés devant la Tour-Maudite, Bonaparte résolut de lever le siége, et il prononça tristement ces paroles : *Le sort du monde était dans cette tour* !

— Je n'ai jamais bien compris cette exclamation, dit Maurice.

— Maurice, bien peu de gens l'ont comprise, et cela doit vous consoler. Bonaparte voulait accomplir l'œuvre inachevée d'Alexandre. Il venait de jeter son regard aquilin sur la situation, et il comprenait qu'il était urgent de déplacer cette dévorante activité d'esprit, fille de l'éruption de 89, et de lui créer un autre foyer lointain, sur des terres en friche, et sous un soleil nouveau.

Paris, ce grand centre d'agitation, que l'imprévoyance de soixante-six rois a laissé former sur les deux rives de la Seine, Paris menaçait de devenir une cité prétorienne, toujours disposée à détruire et à élever un gouvernement quelconque ; comme Byzance autrefois : il fallait donc occuper ailleurs le génie aventureux et superbe de ses enfants. Ce qu'Alexandre avait fait pour la Macédoine, impatiente du joug de Philippe, Bonaparte allait le tenter pour l'orageuse France de 89. C'était un plan merveilleux et sauveur. Il s'agissait de pénétrer jusqu'aux régions de l'aurore, avec ces soldats de fer qui ont traversé le vallon des deux Pyramides et franchi le Thabor, et de planter le drapeau colonisateur de la France dans ces fertiles plaines de Lahore qui sont arrosées par cinq fleuves, et fécondées par le soleil.

Saint-Jean-d'Acre pris, ce plan s'achevait ; le sort du monde était dans sa tour. Bonaparte ne se trompait pas. Aujourd'hui, les hommes, à leur insu, semblent vouloir continuer ce plan, et on envoie des déportés aux terres lointaines. Chaque exilé de France est un grain de semence déposé sur le berceau d'une colonie. Quand se fera la moisson? Dieu le sait; après un demi-siècle peut-être; les nations peuvent attendre, elles ont la vie longue. Nous sommes, nous, sur ce navire, l'avant-garde de cette migration future qui doit soulager la France, en l'éparpillant sur les continents et les archipels lointains. Nous ressemblons à ces deux Hébreux que Josué envoya en Palestine, et qui s'en revinrent en rapportant sur leurs épaules des échantillons d'une fécondité merveilleuse, pour attirer leurs frères vers les champs promis.

— Que Dieu vous écoute, pour le bonheur de notre malheureux pays ! dit Maurice en joignant ses mains.

— Quant à moi, poursuivit Alcibiade, vous verrez bientôt ce qu'un homme frivole, un aristocrate échappé de la lanterne en se déguisant en fou, un Alcibiade parisien a résolu de faire pour préparer des ressources aux hommes de l'avenir. Un soir, — c'était, je crois, le 2 nivôse, — un soir, je causais de mes penchants vicieux avec une femme à jamais perdue pour nous deux, avec la belle Lucrèce Dorio, et je lui disais que tout homme doit employer ses vices au profit de l'humanité, puisque les vertus sont si rares.

Un jour, ajoutai-je, vous me verrez mettre ma théorie en action. Ce jour est venu. Nous allons nous appliquer à l'œuvre, vous et moi, et nous aurons avec nous de bons travailleurs. Ce que je vous dis à présent, Maurice, je l'ai dit à chacun de vos camarades en particulier, dans nos entretiens de la cabine et lorsque l'ouragan sifflait sur le pont ; ils m'ont tous répondu, tous, en me serrant la main, comme vous faites en ce moment. Les hommes graves, les hommes d'État ont perdu le pays ; il est temps que les hommes de plaisir et de frivolité le sauvent, sinon dans le présent, du moins dans l'avenir... Maurice, regardez... le point noir se lève à l'horizon !

A ces mots, le cri *terre ! terre !* tomba du sommet des mâts, et tout le peuple du navire accourut sur le pont.

Les larmes inondaient tous les visages ; tous les pavillons se hissaient aux cordages des mâts, et l'*Eglé* saluait de son artillerie joyeuse cette terre, fille de l'Afrique et de l'Océan indien.

Alcibiade qui, dans les moments solennels, savait donner à sa figure une gravité qu'on ne lui avait jamais vue, prit Maurice par la main, et lui dit :

— Mon ami, je vous ai promis une récompense, et vous allez la recevoir.

— J'attends, — dit Maurice, avec une émotion extraordinaire.

— Maurice, votre âme est forte, et votre corps a repris toute sa vigueur. Aujourd'hui, vous pouvez supporter, sans péril, une crise violente... vous me promettez de ne prononcer aucune parole, de ne faire aucun mouvement qui puisse attirer sur nous l'attention des gens du vaisseau.

— Oui, — répondit Maurice, en fixant des yeux effarés sur son interlocuteur.

— Recueillez toute votre énergie, Maurice, il y a des coups de foudre de toute espèce; l'extrême joie et l'extrême douleur sont intolérables pour les âmes faibles...

— Oh! parlez! parlez! je suis prêt à tout entendre, — interrompit Maurice en s'agitant convulsivement sur ses pieds.

— Maurice, — dit Alcibiade en baissant la voix et montrant du doigt l'horizon, — Maurice, votre patrie est là, et votre père est ici.

Ces deux mots : *Mon père!* sortirent comme un murmure sourd et comprimé des lèvres de Maurice.

En ce moment, l'agitation et le désordre régnaient sur le pont du navire, et le canon de la corvette retentissait sur l'Océan.

Le jeune déporté suivit l'indication du doigt d'Alcibiade, et, en tournant la tête, il apecrut derrière son épaule un visage mouillé de larmes et deux bras qui s'ouvraient pour une étreinte.

C'était Sidore Brémond.

Les deux cœurs se fondirent en un seul cœur qui savoura, en un instant, toutes les allégresses du ciel.

Alcibiade les sépara violemment, et dit : Assez :

Puis, reprenant le ton léger et la physionomie riante : — Maurice, — ajouta-t-il, — je voudrais bien savoir ce que font en ce moment les juges qui vous ont condamné à la déportation. Comme ils seraient heureux s'ils avaient eu le bon esprit de se condamner eux-mêmes ! Quel est celui d'entre eux qui n'envierait pas votre destin ? Vous retrouvez votre père, vous êtes aimé d'une femme charmante, vous allez descendre dans un beau pays, vous avez la jeunesse et la santé de vos passions. Vos juges vous ont condamné au bonheur à perpétuité.

— Je vous jure, mon ami, — dit Maurice, — que je ne commettrai pas une seule faute qui puisse faire casser ce jugement.

L'*Eglé* courait à toutes voiles, et on

voyait déjà sortir de la ligne de l'horizon les crêtes bleues des montagnes et la cime des arbres du rivage africain.

la lettre de l'Actéon

XIX

Le vieux portier de la maison n° 1, rue Mesnars, avait fait une bonne action ; depuis plusieurs jours, il donnait l'hospitalité à un de ses collègues chassé de sa loge pour cause de démolition d'hôtel, au carrefour Saint-Nicaise.

Du moins ce collègue, en demandant un asile au vestibule d'une maison opulente, avait expliqué ainsi l'origine de ses infortunes de portier.

Ce jour-là, le pauvre expulsé venait de s'asseoir auprès du poële de faïence, et réchauffait en même temps ses pieds et ses mains, pendant que son regard, animé d'un sourire de gratitude, se tournait vers le maître de la loge, et lui transmettait toute l'éloquence du cœur.

— Ah ! nous avons un rude hiver cette année,

Dit le vieux portier en ouvrant le poële

et en faisant à son collègue la politesse d'une nouvelle bûche.

On n'a pas vu tant de neige et de verglas depuis l'hiver de 89.

— Quel hiver, celui de 89 !

Dit le collègue en frissonnant de tout son corps.

Je l'avais prédit à ma pauvre femme... quand je vis la fontaine de la rue de l'Arbre-Sec toute gelée le 2 février, le jour de la *Chandeleur,* je dis : Ce sera un fameux hiver ! et je ne me trompais pas.

— Citoyen... pardon, j'ai encore oublié votre nom...

— Lemaney...

— Citoyen Lemaney, avez-vous fait aujourd'hui, votre tournée au faubourg Saint-Germain?

— Ah! mon Dieu! oui... impossible de trouver une porte! Il y a des propriétaires qui se sont mis à tirer eux-mêmes le cordon, par économie ou par peur... cependant on m'a donné quelque espoir rue des Pères. J'ai été renvoyé à sextidi de la décade prochaine...

— C'est bien, citoyen Lemaney...

— J'espère que je ne vous suis pas à charge au moins!...

— Pas du tout, citoyen Lemaney. Il faut bien se porter secours entre collègues... Et puis, comment voulez-vous m'être à charge? Vous entrez ici à neuf heures du matin, vous apportez votre petit déjeuner, vous vous chauffez à mon poêle ; nous causons ; vous me lisez *la Gazette*, et quand le jour tombe, vous allez vous coucher rue Fromenteau, à l'auberge des *Deux-Pigeons* où *on loge à la nuit,* pour un sou, à ce que vous m'avez dit.

— Tout ça est très-exact,

Interrompit Lemaney avec une émotion équivoque.

Mais si l'hiver n'était pas rigoureux comme il est, je passerais mes journées au Palais-National ou à la place des Vosges, et je ne vous importunerais pas...

— Voyons, citoyen Lemaney, — dit le portier, — ne parlons plus de ça : nous nous fâcherions... M'apportez-vous quelques nouvelles aujourd'hui ?

— Pas la moindre... seulement on m'a dit qu'on allait construire un pont de fer entre le Louvre et le palais des Quatre-Nations.

— Un pont de fer ! ça ne me paraît guère possible : quand j'y passerai, je le croirai.

— C'est ce que j'ai dit au frotteur de l'hôtel Cambacérès, qui m'annoncé cette nouvelle.

— Le citoyen Cambacérès était votre voisin, quand vous logiez au carrefour Nicaise?

— Nous étions porte à porte.

— Citoyen Lemaney, savez-vous pourquoi le citoyen consul Cambacérès, qui avait le droit, comme le citoyen Lebrun, de se loger aux Tuileries, n'y est pas entré?

— Dam! c'est qu'il a eu peur d'en sortir... Le citoyen Cambacérès est un fin matois, quoique gros.

— A ces paroles, trois coups de marteau retentirent sur la porte; une main automate tira le cordon, et le facteur entra, un trousseau de lettres à la main.

Une voix timbrée au conservatoire de la poste, entonna cette phrase dans le vestibule : — La citoyenne Lucrèce Dorio, huit sous et demi.

Le portier prit nonchalamment la lettre, paya le facteur, et après avoir refermé la porte de la loge, il dit, comme en *aparte* :

— Celle-là, au moins, ne restera pas à mon compte.

Puis, élevant la voix pour la remettre au ton de l'entretien interrompu :

— Croiriez-vous, citoyen Lemaney, — dit-il, — que j'ai là pour dix écus de lettres que d'anciens locataires ne sont pas venus réclamer ?

— Des émigrés sans doute ?

— Pas plus émigrés que moi, citoyen

Lemaney; ce sont de mauvais payeurs, qui m'ont dit en partant :

— Mathieu, reçois les lettres qui arriveront à mon adresse ; on viendra les réclamer... Oh ! oui, bonsoir ! personne n'a paru. J'aimerais mieux cependant ces dix écus dans ma poche que dans la bourse de la République...

— Il faut vous faire rendre vos dix écus, citoyen Mathieu, interrompit vivement Lemaney.

— Et par qui ?

— Dam ! par le gouvernement.

— Est-ce qu'il rend quelque chose, le gouvernement, citoyen Lemaney ?

— Il vous rendra vos dix écus.

— Ah ! je voudrais bien voir ça !

— Vous le verrez... Que me donnez-vous pour ma commission ? je me charge de vous les faire rendre.

— Je vous donnerais bien un petit écu, — dit le portier en riant aux éclats.

— Non, je ne demande pas tant, — dit le portier d'un air scandalisé.

—Écoutez, citoyen Mathieu, je dois un compte de douze nuits à l'auberge des Deux-Pigeons : donnez-moi une pièce de douze sous, et je vous fais rentrer dans vos dix écus, moins mes douze sous de commission.

— C'est entendu, citoyen Lemaney...

Voilà toutes ces pauvres lettres dans un tiroir, vous pouvez les prendre...

— Après mon déjeuner, je ferai cette course à la direction des postes... Ne me donnez-vous pas celle que vous venez de recevoir à présent pour la citoyenne duchesse Glorio?...

— Lucrèce Dorio, — dit en riant le portier. — Ah! celle-là envoie souvent ici sa femme de chambre... Vous l'avez vue, je crois, tridi dernier... Une jolie petite fille avec une robe de bouracan vert, et des dentelles larges comme ça, qui lui battent les joues comme des ailes de tourterelle...

— Ah! oui, oui, — dit Lemaney après

une réflexion feinte ou vraie,— je l'ai vue effectivement. Elle est entrée, elle vous a fait un signe, et elle est sortie, comme si un amoureux l'enlevait.

— Vive comme la poudre! Oh! un amoureux ne l'enlèvera pas, celle-là, c'est elle qui enlèvera l'amoureux... Eh bien, citoyen Lemaney, quand on voit cette espiègle de Tullie à côté de sa maîtresse, elle paraît laide. Il faut vous dire aussi que mon ancienne locataire, la citoyenne Lucrèce Dorio, est une Vénus comme il n'y en a pas.

— Son mari doit être bien jaloux...

— Elle est veuve, citoyen Lemaney. Son mari a été tué en Suisse, à la bataille de Zurich... Tenez, j'ai acheté la gravure; la voilà collée à côté du miroir... La citoyenne Lucrèce, en entrant dans ma loge, pour me donner douze francs d'arrhes de son loyer, regarda cette gravure et dit en riant : Tiens ! c'est la bataille où mon mari a été tué ! Voilà comment j'ai appris cela.

— Celle-là ne doit pas manquer d'amoureux, — dit Lemaney, en riant d'un air stupide.

— Ah ! je vous garantis que non ! — dit le portier en étendant ses bras, et en les levant ensuite vers le plafond de sa loge, — et à telles enseignes que le propriétaire voulait lui faire signifier son congé pour le terme de messidor dernier ; mais j'ai répondu de sa bonne conduite, moi, et tout s'est arrangé. Vous connaissez comme moi les vieux propriétaires ; ils ne peuvent pas souffrir les amoureux : ils disent que ça déprécie les immeubles; comme s'ils n'avaient jamais rien déprécié, eux, quand ils étaient jeunes, et qu'ils n'avaient pas de maisons.

— Enfin, — dit Lemaney,— vous avez gagné le procès de la citoyenne Lucrèce Lorio.

— Dorio, Dorio, vous estropiez toujours son nom, citoyen Lemaney... Oui, c'est vrai, j'avais gagné son procès ; mais un beau jour, elle a fait enlever ses meubles, et elle a quitté la maison... Une femme généreuse comme une ci-devant reine, et qui vous mettait dans la main un louis d'or comme une pièce de six liards!.. Tenez, je me chauffe encore de son bois; elle m'en a laissé plein la cave; et dire qu'on a traité cette femme comme une espionne de Pitt et Cobourg!

— Vous croyez donc, citoyen Mathieu, qu'elle ne rentrera plus chez vous? — demanda Lemaney d'un air nonchalant.

— Jamais plus... Elle est partie à la campagne.

— Aux environs de Paris, probablement?

— Ah! voilà ce que je ne sais pas, citoyen Lemaney... quelquefois pourtant je m'imagine qu'elle est allée chez la famille de son mari.

Un sourire involontaire traversa la figure de Lemaney.

Le vieux portier ne remarqua pas ce sourire, et il parut absorbé par les tristes réflexions que lui inspirait la perte de cette excellente locataire, la citoyenne Lucrèce Dorio.

Lemaney se plongea dans la lecture de l'*Almanach du Consulat*, tout frais éclos des presses de Lejay, place Thionville, unique livre de la bibliothèque du portier.

Le bruit d'une voiture qui doublait

l'angle de la rue Mesnars arracha le citoyen Mathieu à ses réflexions.

Un instant après, le cordon de la loge répondit au marteau de la porte, et une jeune fille couverte d'un manteau de soie noire rembourré de fourrures s'élança dans le corridor d'un pas leste qui connaissait le terrain.

— Ah! ah! dit le portier; c'est la petite citoyenne Tullie!

A ces mots, Lemaney ferma nonchalamment l'*Almanach du Consulat*, et prenant le paquet de lettres, il dit avec insouciance :

— Citoyen Mathieu, je vous laisse en

bonne compagnie ; je vais chez le directeur de la poste pour réclamer nos dix écus.

Le vieux portier fit un signe d'approbation, et tendit la main à son collègue, qui sortit.

Quand Lemaney eut tourné le coin de la rue Mesnars, il s'arrêta et examina le pavé avec une attention singulière.

Une couche de neige recouvrait un verglas solide, et imposait beaucoup de circonspection et de lenteur aux pieds des hommes et des chevaux.

Cette remarque parut satisfaire Lemaney, car il redressa la tête, de l'air d'un homme qui se félicite d'une observation qu'il vient de s'adresser à lui-même.

Ensuite, il entra dans une petite boutique d'apparence suspecte, quitta sa casquette de loutre et sa veste de drap d'Auvergne, se coiffa d'un énorme chapeau, colline de feutre, coupée de trois vallons, se revêtit d'une houppelande respectable, et courut se placer en observation aux avenues de la rue Mesnars.

Tullie n'avait répondu que des monosyllabes aux vingt questions plus ou moins oiseuses du portier; elle tenait enfin une lettre, et dans sa légitime impatience de la porter à sa maîtresse, elle ne perdit dans la loge que le temps nécessaire pour réchauffer ses pieds engourdis.

Remontant bientôt en voiture, elle dit

au cocher : Allez où vous m'avez prise, et allez bon train, on sera reconnaissante.

A quoi le cocher répondit :

— Ma petite citoyenne, le pavé n'est pas bon. Hier, deux chevaux de mon bourgeois se sont cassé les jambes sur le Pont-Neuf.

La voiture partit donc d'un pas très-modéré ; elle gagna les boulevards et suivit leur ligne jusqu'à la hauteur de la rue des Tournelles, dans les solitudes du Marais.

Inutile d'ajouter que le faux portier Lemaney avait suivi la voiture, qui s'arrêta rue des Tournelles, 57.

Une heure après, Georges Flamant vit

entrer cher lui son fidèle agent Lemaney.

Ainsi fut bientôt découvert l'asile qu'avait choisi Lucrèce Dorio, en sortant de prison.

Lemaney avait joué son rôle en homme élevé dans les officines de cette sombre déesse ajoutée à la légende mythologique par les païens du dernier siècle et qui, plus tard, devait être adorée sous le nom de *Police* dans un temple de la rue de Jérusalem.

entrer chez lui son fidèle agent Lemaney. Ainsi fut bientôt-découvert l'asile qu'avait choisi Lucrece Dorio, en sortant de prison.

Lemaney avait joué son rôle en homme élevé dans les afflictions de cette sombre déesse ajoutée à la légende mythologique par les païens du dernier siècle et qui, plus tard, devait être adorée sous le nom de Police dans un temple de la rue de Jérusalem.

La lettre de l'Actéon.

(SUITE.)

XX.

Le soir de ce jour, à la veillée, Lucrèce et Tullie, plus unies que jamais par une familiarité née dans la même infortune, continuaient un entretien intime, dont la lettre de Maurice était le sujet.

Les deux jeunes femmes étaient en ce moment les uniques locataires de la maison de la rue des Tournelles, 57, dont le jardin, alors fermé par une grille de bois, longe le boulevard de la Bastille.

A l'époque où se passe cette histoire, ce quartier de Paris était presque inhabité et inhabitable à cause des émigrations et des désertions.

Peu d'années avant, Beaumarchais avait réfugié sa vie littéraire et son comptoir commercial de céréales et d'armes à feu dans cette solitude agreste, où sa maison était isolée, comme celle du *Vieillard des Vosges*, illustrée en opéra-comique à Feydeau.

La campagne commençait là et s'étendait à gauche jusqu'au faubourg Saint-Antoine.

Le calme et le silence de cette contrée lointaine avaient déterminé le choix de Lucrèce Dorio ; ne voyant plus rien autour d'elle, elle croyait n'avoir plus rien à redouter.

Son isolement était sa protection.

Tullie et deux femmes de service, qui arrivaient chaque matin de la rue Saint-Louis, étaient ses seules compagnes en attendant de meilleurs jours.

La lettre arrivée de Rochefort et confiée à l'*Actéon*, avait été, depuis le matin, cent fois prise et reprise, lue et relue :

quelquefois Lucrèce en regardait fixement l'écriture, pour apprécier le degré de force de la main qui en avait tracé les caractères, et se faire ainsi une idée de la force du jeune voyageur.

La veillée était triste, une seule lampe éclairait le salon ; les vitres d'une fenêtre dont les volets n'avaient pas été fermés laissaient voir un tableau d'extérieur, où la nuit et l'hiver associaient leur désolation.

Des guirlandes de neige couvraient les squelettes des arbres du jardin, et donnaient une teinte encore plus ténébreuse à la zone du boulevard, où Paris expirait alors dans le désert.

Un vent aigu, voix dolente de cette nuit, secouait les flocons figés à la cime des ormeaux de la Bastille et faisait grincer, sur son pivôt, la plume de fer qui servait de girouette à la maison de Beaumarchais.

— Oh! ce pauvre enfant mourra dans la traversée !

Disait Lucrèce avec des larmes dans les yeux et dans la voix.

Plus de deux mille lieues sur mer ! il y a de quoi tuer les plus forts, et lui n'avait qu'un souffle au bord des lèvres ! pauvre Maurice !

— Avez-vous trouvé, madame, dans ce

livre que je vous ai acheté hier, quelque chose sur cet affreux pays?

Demandait Tullie, en désignant un livre abandonné sur un guéridon.

— Oui, oui, Tullie, — dit Lucrèce en secouant tristement la tête, — j'y ai trouvé ce que je redoutais... prends ce cours de géographie, ouvre-le à la page marquée par un signet, et lis.

Tullie ouvrit le livre et lut le passage :

« Madagascar, grande île d'Afrique, si-
» tuée dans l'Océan des Indes, entre le dixiè-
» me et le vingt-cinquième degré de latitude
» sud.

» Les fièvres mortelles qui règnent dans

» ce pays empêcheront toujours les Eu-
» ropéens d'y former des établissements.

» C'est un climat meurtrier, un sol par-
» tout marécageux et peu propre à la cul-
» ture, excepté à celle du riz. Les maladies
» endémiques de... »

— Assez, assez, — interrompit Lucrèce, — tout le passage est sur le même ton... Ceux qui ont écrit cela n'avaient aucun intérêt à calomnier ce pays ; ce sont des voyageurs qui ont visité cette île, et qui ont écrit ce qu'ils savaient bien.

— C'est évident, dit Tullie.

Et la vive femme de chambre, fatiguée d'une scène triste, trop longtemps prolongée, hasarda, sur un autre ton, une réflexion accessoire qui pouvait changer la nature de cet entretien.

— Certainement, — dit-elle, — le citoyen Maurice Dessains est un jeune homme fort aimable ; mais je crois qu'une femme avant de donner son affection, doit réfléchir à tous les désagréments que cette affection peut lui rendre.

Ainsi, madame, je ne pourrai jamais, moi, me décider à aimer une créature frêle, maladive, souffreteuse, enfin un valétudinaire de profession, surtout si, autour de moi, j'avais de quoi choisir dans un cercle d'amoureux bien constitués.

— Tullie, — dit Lucrèce, — tu es encore trop enfant; tu as le cœur de la jeune fille; un jour le cœur de la femme te viendra..... Mais c'est précisément à cause de cela que j'aime Maurice en songeant qu'il n'a plus de mère pour l'aimer; je le plains, en songeant qu'il n'a plus de mère pour le plaindre; je veux qu'à son lit de mort il emporte avec lui l'unique et suprême consolation que lui donne mon amour... Je te dis, Tullie, que tu es trop jeune pour comprendre ces mystères de tendresse. Avise-toi d'aimer quelque robuste Antinoüs, fou de lui-même, et qui daignera t'accorder ses faveurs, et après, je t'attends au dernier quartier de ta lune de miel.

Tullie allait répondre quelque chose, car une femme de chambre répond toujours, mais elle remarqua sur le visage de Lucrèce une agitation subite.

Au moment où sa bouche s'ouvrait, un geste impérieux la ferma.

Lucrèce souffla sur la lampe au même instant, et, saisissant le bras de Tullie, elle la conduisit, sur la pointe des pieds, vers la vitre, et lui montra une ombre effrayante qui passait sur la neige du jardin.

Une veillée.

XXI.

Les deux femmes, immobiles de terreur, et bloties dans l'embrasure de la fenêtre, regardèrent longtemps le jardin, qui n'était éclairé que par la blancheur de la neige, mais elles ne découvrirent rien qui justifiât une première alarme.

La bise des nuits d'hiver continuait d'agiter les petits arbustes voisins, et leur donnait ainsi, dans les ténèbres, des aspects effrayants.

On aurait cru voir une ronde de sceptres, ou un conciliabule nocturne de bandits.

Sous l'obsession d'une crise de terreur, on aime à se donner une explication rassurante, et à récuser le témoignage de ses yeux.

Lucrèce, qui retenait son haleine sur ses lèvres, respira dans un sourire; elle ferma le volet intérieur, ralluma la lampe, et dit à Tullie :

— Mon Dieu ! quelle frayeur ces arbres m'ont donnée ! J'ai les racines de mes cheveux qui me brûlent, et mon front est glacé.

— Mais qu'avez-vous donc vu ou cru voir ?

Demanda Tullie en touchant familièrement le front de sa maîtresse.

Je n'en sais rien, Tullie ; est-ce qu'on sait ce qu'on voit, dans la nuit ! les cîmes des arbres remuaient dans le jardin, et cela m'a fait peur.

— C'est toujours imprudent à deux femmes, dit Tullie, d'habiter une maison comme celle-ci, dans ce désert.

— Que veux-tu que je fasse Tullie? indique-moi un moyen de vivre; j'ai tout essayé, rien ne m'a réussi; je veux essayer la vertu. On en dit du bien; Voyons...

— Mais cet essai n'empêche pas d'avoir des locataires dans sa maison, pour vous défendre en cas de danger.

— Tullie, tu es un enfant. D'abord les locataires nous défendent très-peu en cas de danger; ensuite ils vous persécutent, vous espionnent, vous accablent de déclarations d'amour ou de haine, selon la manière dont ils sont reçus, et de bouche en bouche, de rue en rue, de portier en portier, ils dénoncent votre retraite à tout Paris, si bien qu'un jour on se retrouve encore en face avec ce démon de Georges Flamant.

— Que le diable l'emporte, ce Georges !

— Oh ! n'attends pas cela, Tullie ; le diable ne s'est jamais emporté lui-même. Je subirai cet être infernal tant que les pauvres femmes seront sans protection dans ce pays.

— Et comment, dit Tullie, n'avez-vous jamais eu l'idée de vous retirer dans une ville de province ?...

— Ne prononce pas ce mot, Tullie. Je n'aurai jamais le courage de m'inhumer de mon vivant. Il me faut l'air de Paris pour vivre. Paris est le seul amant que je puisse aimer d'amour, et, depuis que j'y suis malheureuse, je l'aime davantage. As-tu seulement vu un coin de la province, Tullie, un seul coin?

— Jamais madame.

— Figure-toi des villes mortes, et enterrées sous la poussière; des citoyens qui périssent d'ennui, et qui demandent à leurs voisins l'aumône d'une distraction; des femmes qui ne s'habillent et ne sortent que pour l'anniversaire de la Constitution de l'an VIII; des sous-lieutenants oisifs qui font le siége de toutes les maisons où se cache une ombre de jolie femme; de petits théâtres qui ne jouent qu'en hiver, et qui sont habités au printemps par des chevaux. Tullie, j'aimerais mieux me bâtir, comme la courtisane Rhodope, un tombeau, ici, à Paris, avec des pierres données par mes amants, qu'habiter la province dans un palais bâti et meublé pour moi. Si je quittais Paris, un jour, je traverserais la province, en chaise de poste, les yeux et les stores fermés, et j'irais m'établir à la Louisiane, au Canada, ou à Pondichéry.

— Ah! comme je vous suivrais, moi, dans cette province-là !

Dit Tullie, en allumant un bougeoir.

— Je comprends le coup-d'œil que tu

viens de jeter sur la pendule, — dit Lucrèce, en s'arrachant à son fauteuil, — il est déjà minuit; c'est l'heure qui arrive le plus vite, quand on cause le soir.

Les deux femmes montèrent aux appartements par un escalier où semblaient monter avec elles tous les échos du large vestibule.

Une tristesse sourde tombait des étages supérieurs, car rien n'y annonçait la présence des êtres vivants.

La nouvelle chambre de Lucrèce n'était pas décorée selon le goût romain du gynécée de la rue Mesnars.

Elle avait gardé les traditions tapissières de l'école de Louis XIII; le lit surtout aurait pu figurer dans l'alcôve du palais du Sommeil, sur les monts Cimériens.

Il étalait des couches superposées du plus suave édredon, entre quatre piliers de bois des îles, où s'agraffaient des rideaux lourds, dont l'envergure, quand elle se déployait le soir, protégeait le sommeil avec quatre épaisses murailles de camaïeu.

— Ces femmes laissent toujours ma fenêtre ouverte !

Dit Lucrèce en entrant dans sa chambre à coucher. — Tullie, ferme tout cela bien vite, et déshabille-moi.

Tullie ferma portes et fenêtres, et vint se placer derrière le fauteuil où Lucrèce renversait en arrière sa belle tête toute ruisselante de cheveux noirs.

—Je vais vous faire une charmante toilette de nuit, madame, — dit Tullie en jouant avec ses petites mains dans la chevelure de sa maîtresse.

—Je vais vous coiffer comme une nouvelle mariée... Nous ne voyons personne, c'est vrai ; mais nous autres femmes, nous sommes un peu coquettes pour nous ; n'est-ce pas, madame?

— Enfant !

— Que voulez-vous, madame! vous m'avez bien effrayée tantôt, et maintenant je chante comme l'oiseau après l'orage.

Rien ne rend gai comme la peur, quand elle a passé.

— Eh bien ! sois gaie, mais coiffe-moi.

— Si j'étais homme, j'aurais la passion des beaux cheveux... Elles étaient folles, n'est-ce pas, les femmes qui se poudraient les cheveux avant la Révolution ?... c'est comme la mode des gants, elle a été inventée par une femme qui avait de vilaines mains... C'est aussi une femme chauve qui avait inventé la poudre amidon... et les autres femmes qui ont de belles mains et de beaux cheveux sont-elles niaises de suivre ces modes-là !

— C'est assez juste, ce que tu me dis, ma petite Tullie, mais dépêche-toi.

— Ah! madame, vous êtes si belle que je ne vous quitterais plus, quand je vous tiens sous mes deux mains... vous voilà coiffée à l'*hermap*..., j'ai oublié le nom que donne le coiffeur Amiel à cette statue qui dort, au Louvre, sur un matelas. C'est une coiffure de lit... je vais vous défaire votre robe, ce ne sera pas long, madame... Mon Dieu! les belles épaules! on dirait qu'il a neigé dessus... Voyez comme je suis leste! je n'ai plus qu'à vous déchausser et puis je me retire dans ma petite chambre; c'est l'affaire d'un instant... Tenez, madame, regardez... je puis cacher un de vos pieds dans ma main; mes petites mains pourraient vous servir de souliers... Je crois qu'il devrait être permis à une femme de chambre de baiser les pieds de sa maîtresse... Bien ! j'ai pris ma récompense, et j'attends vos derniers ordres avant de me retirer.

— Bonne nuit, Tullie... Vous entrerez dans ma chambre au petit jour.

Tullie alluma son bougeoir, s'inclina devant Lucrèce, et ouvrant et refermant une petite porte, elle traversa un long corridor de communication et entra dans sa chambre à coucher, en frédonnant l'air du *Devin*.

> Qand on sait aimer et plaire,
> A-t-on besoin d'autre bien ?

Lucrèce se plaça devant son miroir, et

comme pour juger si elle méritait les éloges de sa femme de chambre, elle donna quelques instants à une petite revue de coquetterie, indispensable complément de sa toilette de minuit.

Le fond de la chambre, reflété par le miroir, avait une teinte sombre et confuse, et les quatre piliers de l'alcôve, chargés de leurs rideaux massifs, prenaient, dans les profondeurs de la glace vénitienne des formes étranges, ce qui fit sourire Lucrèce, mais de ce sourire qui laisse la tristesse dans le regard.

Un murmure distinct, assez semblable à une respiration comprimée avec effort, arriva de l'alcôve, et la jeune femme tressaillit; elle se retourna vivement et regarda partout.

C'était une erreur d'imagination, sans doute causée par le souvenir de l'ombre fantastique du jardin.

Lucrèce marcha vers le lit, avec une terreur vague dont elle ne se rendait pas compte, et, si la honte d'avouer une peur enfantine ne l'eût pas retenue, elle aurait rappelé Tullie sur-le-champ.

Comme elle luttait avec cette indécision, les plis d'un des rideaux amassés autour d'un pilier parurent s'agiter du tapis au plafond.

Lucrèce ouvrit des yeux démesurés, et sentit brûler la racine de ses cheveux.

Au même instant, deux plis du rideau se-séparèrent, et une tête horrible apparut, comme une fleur de l'enfer, subitement éclose sur le lit des Euménides, au souffle du démon.

La jeune femme, nue et frissonnante chercha un cri de détresse au fond de sa poitrine, mais sa langue se dessécha; elle voulut fuir, mais ses yeux se paralysèrent; une tempête de sang éclata dans son front; ses bras se raidirent en essayant une défense impossible; la vie s'éteignit au fond de son cœur; elle tomba, comme tomba la plus belle des statues, dans un temple livré à la dévastation.

. . . .

Sept heures sonnaient à l'horloge du *Cadran-Bleu*, lorsque Tullie ouvrit sa fenêtre pour consulter les progrès du jour.

Elle donna un regard triste au tableau qui se déroulait devant elle.

Toujours la neige, toujours les arbres morts; toujours les toits couverts d'un suaire ; et sur le boulevard quelques charrettes lourdes apportant des provisions aux marchés.

Tullie, faute d'interlocuteur, et éprouvant, comme l'oiseau qui se réveille, le besoin de chanter, se résigna au monologue:
— Il est de trop bonne heure encore — se dit-elle en fermant sa vitre — pour entrer chez madame. On est si heureux de

dormir quand il fait froid. Il y a des animaux qui dorment tout l'hiver. Que d'esprit ont ces animaux!... *Entrez chez moi au petit jour*, m'a dit madame... Oh! je sais bien ce qui l'a brouillée avec le sommeil aujourd'hui... Elle s'est couchée avec un projet de lettre dans la tête ; elle veut écrire, ce matin, au citoyen Maurice, et il faut bien dix heures à une femme pour écrire quatre pages à son ami...

Le courrier de Rochefort part à cinq heures... Je voudrais bien pourtant qu'on m'expliquât comment une lettre envoyée à Rochefort arrive à Madagascar, et qu'on ne paie que huit sous et demi pour deux mille lieues, lorsqu'il en coûte trois sous par la petite poste, pour écrire du boulevard du Temple au faubourg Germain... Ah! je vois que tout est encore très-mal arrangé dans ce pays, malgré les six révolutions qu'on nous a faites depuis douze ans!

Tullie ôta sa coëffe de nuit, s'ajusta complaisamment au miroir un bonnet à fines dentelles flottantes, épingla son fichu, serra les cordons de son tablier autour d'une taille souple et déliée comme le col d'un cygne, et, de la pointe de ses jolis doigts, effaçant la couche brumeuse distillée par le froid sur sa vitre, elle dit :

— Voilà le grand jour : c'est tout ce que

le ciel peut nous donner de plus clair, quand il économise le soleil.

Entrons chez madame.

Rien ne pourrait dépeindre la surprise de Tullie, lorsqu'en entrant dans la chambre elle vit la fenêtre toute grande ouverte, et sa maîtresse encore au lit.

Ses regards tombèrent sur le jardin, où la neige gardait des empreintes de pas toutes fraîches et de dimensions différentes, ce qui attestait la visite nocturne de plusieurs hommes.

Tullie ne donna qu'un coup-d'œil rapide à ce tableau effrayant, et elle se précipita vers l'alcôve pour réveiller sa maîtresse ; mais le cri de terreur qu'elle poussa ne put pas même arracher Lucrèce à son immobilité de cadavre.

L'intérieur de cette alcôve sombre offrait un de ces spectacles émouvants qui ne se retrouvent que dans les villes prises d'assaut et abandonnées aux brutales fureurs des soldats.

Tullie, toute innondée de ses larmes, toute palpitante de terreur, ouvrit la porte, et descendit rapidement l'escalier, sans détermination bien précise, mais pour se réfugier dans le calme et la réflexion qui inspirent les bons conseils.

Madagascar.

XXI.

L'île de Madagascar est une petite Afrique placée à côté de la grande.

Sur la carte, elle ressemble à une chaloupe qui suit un vaisseau.

Une chaîne de montagnes la traverse du

nord au sud, dans presque toute sa longueur.

Ainsi, le mont Lupata, nommé l'Arête, ou l'Artère du monde, sillonne l'Afrique dans la même direction : ce qui semble devoir prouver que Madagascar est un petit continent à part, et n'a pas été détaché, comme d'autres îles, du grand continent voisin, dans quelque cataclysme géologique.

C'est un pays primesautier, comme l'Australie et Bornéo.

Madagascar, est, au contraire, une mère féconde, qui a prodigué autour d'elle des rejetons, comme une planète entourée de satellites, sur le firmament de la mer.

De grands cours d'eau descendent de toutes les crêtes, de tous les réservoirs de la chaîne de montagnes qui traverse Madagascar, et cette richesse d'humidité permanente, sous un ciel de feu, au lieu de lui être favorable, lui a donné ces maladies endémiques, signalées par les géographes, et redoutées par les Européens.

Comme ces explications, toutes froides qu'elles sont au milieu d'un récit dramatique, sont pourtant indispensables, et se rattachent à cette histoire par le plus puissant des liens, on permettra au narrateur, ennemi des détails intermédiaires et oiseux, de s'arrêter, en quelques lignes, sur cette nouvelle topographie de Madagascar.

Ces grandes eaux qui descendent des deux versants ne conservent pas leur impétuosité torrentielle jusqu'au canal de Mozambique et à l'Océan indien.

Arrivées au pied des monts, elles rencontrent des plaines molles, des terrains gras, où elles stagnent paresseusement et où leur vive énergie s'éteint dans d'immenses marécages, bornés par les horizons maritimes.

Voilà les foyers indestructibles des fléaux de Madagascar.

Ce sont les marais Pontins ou le Delta du Rhône, sur une échelle à gigantesques proportions.

Le vent d'Afrique et le soleil de l'Inde

ont épuisé le souffle et la flamme sur ces marécages, et ils sont encore ce qu'ils étaient aux premiers jours de la création.

Les naturels du pays vivent, dans cette atmosphère de fièvres, comme les paysans de Sienne et de Terracine en Italie, et d'Istres et de Saintes en Provence.

La terre natale a toujours l'air de prendre un soin exclusif des enfants qu'elle produit.

Toutefois, en regardant la carte du monde, et en songeant à l'avenir des peuples, si providentiellement conduit vers de nouvelles destinées par les mains de fer de la vapeur et des révolutions, il reste évident que tant de beaux pays lointains, où la fécondité peut même supprimer le travail, n'ont pas été créés exclusivement pour nourrir quelques peuplades sauvages, prosternées devant des fétiches et des manitous.

Et que les grandes migrations septentrionales doivent un jour venir demander leur place à ces splendides festins servis par le soleil et l'Océan, ces deux intendants de Dieu.

Cela étant admis, on interroge les voyageurs, et non les préjugés, et on arrive à de consolants résultats sur la question spéciale qui nous occupe en ce moment.

La chaîne de montagnes qui se hérisse du nord au sud de Madagascar décrit un arc immense, de sorte qu'elle laisse, à ses deux extrémités, de vastes plaines et des bois touffus s'étendre, d'un côté, jusqu'au cap Marie, de l'autre, jusqu'à la baie de Diégo-Suarez.

Aux deux pointes de l'arc, les conditions atmosphériques doivent changer absolument de caractère, surtout vers la pointe nord.

Sur ces tièdes rivages, on ne retrouve plus ces pernicieux courants qui dégénèrent en eaux stagnantes et exhalent le poison et la mort; ce sont partout des terrains légèrement accidentés, recouverts de fleurs et d'arbres, avec les ombres tièdes, les eaux douces et les fruits doux.

C'est l'Afrique qui vient expirer mollement sous le péristyle de l'Inde.

Ce sont les fécondes haleines des archipels voisins et du golfe d'Oman, qui semblent accourir sur les mers pour enrichir l'homme ou réjouir le désert.

Ce sont de petits golfes, des baies recueillies, des ports vierges, qui ont déjà reçu des noms, en attendant des vaisseaux.

Diégo-Suarez, qui s'ouvre près du cap d'Ambre.

Le port Louquez; les baies de Vohemare, de Nosse, d'Ifonty, de Narrenda, et d'autres asiles que le navigateur dédaigneux a effleurés en les abandonnant après leur baptême équinoxial.

Mais ce serait peu de trouver dans ces vastes contrées maritimes la fécondité du sol et la salubrité l'air.

La Providence ne fait pas les choses à demi, quand elle veut appeler l'homme, si l'homme oublie une fois d'"être sourd.

L'antagonisme, ce vieux fléau de la terre, et cet amusement éternel des nations civilisées, doit se retrouver, et se retrouve avec ses haines les plus vives, chez les peuples sauvages.

Il ne faut pas demander aux barbares d'être plus chrétiens que nous.

Ainsi, ne nous étonnons point de rencontrer, dans cette île immense de Madagascar, deux nations en état permanent de guerre ouverte.

Les Hovas et les Sakalaves.

Nous n'avons rien à attendre des premiers, du moins dans le présent, mais l'avenir a des secrets de guérison pour toutes les haines.

Or, les Hovas se sont constitués nos ennemis; ils détestent notre pavillon, et sont toujours prêts à s'opposer de vive force, comme leur climat, à nos établissements de Madagascar.

Nous trouvons, par bonheur providentiel, une compensation à cette haine des Hovas, dans l'amitié de leurs éternels ennemis, les Sakalaves.

Ceux-ci nous accueillent fraternellement, nous aidons à ravitailler et à radouber nos navires en souffrance, nous escortent dans nos chasses sur les bruyères du cap Saint-André.

Nous avons là des alliés naturels qui n'attendent que nos colons pour faire avec eux un traité d'alliance et saluer notre pavillon, hissé sur le cap d'Ambre, à l'extrême pointe de Madagascar.

Les Sakalaves sont tout disposés à être pour nous ce qu'ont été pour d'autres planteurs européens les sauvages Makidas, de la baie d'Agoa, sur un territoire africain.

Il y a même, dans ces sympathies mystérieuses des enfants des tropiques pour les aventuriers du septentrion, quelque chose qui fait réfléchir et illumine d'un rayon d'espoir les ténébreuses incertitudes de notre avenir.

Le jour où les planteurs des huttes d'Adhel et les colons partis de l'Atlas, se rencontreront, la charrue à la main, dans les solitudes vierges de l'Afrique, et fraterniseront dans le plus merveilleux des hyménées, ce jour-là sera une aurore d'un avenir nouveau, et le monde sera sauvé par la colonisation, qui est la véritable et la seule fraternité.

Un port sans vaisseaux.

XXII.

Le 18 septembre 1800, deux jeunes gens, qui bientôt nous diront leurs noms en causant, descendaient d'une petite colline, au lever du soleil, et marchaient vers le rivage de cet Océan qui laisse quelques-uns de ses flots tranquilles, dans le joli golfe de Diégo-Suarez, à la pointe nord de Madagascar.

Par intervalles, nos deux amis s'arrêtaient quand une éclaircie de tamarins gigantesques leur permettait d'embrasser une vaste étendue de mer, et ils regardaient alors avec des yeux avides jusqu'aux dernières limites de l'horizon.

— Croyez bien que je ne me suis pas trompé, disait le plus jeune à son compagnon; — j'ai vu de là-haut une petite voile blanche comme du lait, et qui s'est levée avec le soleil.

— Mon cher Maurice, disait l'autre, vos yeux sont meilleurs que les miens...

j'ai été, moi, exempté de la conscription pour la faiblesse de ma vue... ainsi, je suis obligé de vous croire sur parole... Au reste, il n'y a rien d'étonnant de découvrir une voile sur ces parages ; nous sommes ici comme sur le balcon d'un belvédère, et tout ce qui se passe au large nous demande un salut.

Sidore Brémond, votre père, dont vous avez respecté le sommeil ce matin, nous a donné hier une leçon de géographie locale dont j'ai profité. Vous êtes, nous a-t-il dit, au carrefour de tous les grands chemins maritimes : A votre gauche, on arrive du Mozambique, des îles Comores et du Zanguebar ; en face, des mille ports du golfe d'Oman ; à droite, de tous les archipels et de tous les continents indiens. Quand j'habitais Paris, je voyais de ma fenêtre, rue Coquillière, une grande maison noire qui m'ôtait la respiration, et puis tous les fiacres qui allaient de la rue Plâtrière à la rue Grenelle-Saint-Honoré. J'aime mieux le belvédère de Diégo-Suarez, avec son loyer gratuit et son propriétaire absent...

— Alcibiade,— interrompit Maurice en frappant de la main droite sur le bras de son ami.

Maintenant il n'y a plus moyen de douter..... Pendant que vous parlez, la petite voile avance..... Oh ! si le vent se levait un peu, dans un quart-d'heure elle serait ici !

— Quelle joie d'enfant cette voile vous donne, mon cher Maurice !... et si c'était une voile anglaise par hasard ?

— Bah ! est-ce qu'il y a ici, là, sur ce cap, des Anglais, des Espagnols, des Français ? Il y a des hommes. Si nous étions en mer sous notre pavillon, j'aiguiserais mon sabre d'abordage ; mais ici, sur une terre neutre, sur ce cap du bon Dieu, je suis l'ami de tous nos ennemis, et je ne cherche que des mains à serrer avec les miennes.

— Maurice ! — dit Alcibiade avec une gravité comique, — Maurice, que vous êtes loin du condamné du 14 nivôse !...

— Est-ce qu'il peut y avoir des nivôses, ici, Alcibiade ! Comprend-on la folie de ces faiseurs d'almanachs, qui ont baptisé trois mois de l'année avec trois horribles noms : *ventôse, pluviôse, nivôse* ! qui enrhument ceux qui les prononcent, et qui m'avaient rendu poitrinaire au deuxième degré !...

En causant ainsi, ils étaient arrivés à un golfe charmant, tout bordé de verdure, et auquel il ne manquait que des vaisseaux pour avoir la physionomie d'un port de commerce.

C'était là que l'*Eglé* avait débarqué ses passagers, quelques mois avant, en leur laissant toutes les ressources matérielles qui leur étaient nécessaires pour s'y établir.

De ce point de la côte, le regard embrassait un horizon immense, l'infini de la mer et du ciel.

Ce qui était un doute devint alors une vérité.

Nos deux amis apercevaient distinctement un petit navire qui cinglait dans la direction de Diégo-Suarez.

— Maurice, vous avez un télescope dans les yeux, — dit Alcibiade, — vous ne vous êtes pas trompé. Maintenant, pouvez-vous reconnaître, à cette distance, le pavillon de ce navire?

— C'est ce que je cherche à découvrir,

— dit Maurice, en étendant sa main droite ouverte, au-dessus de ses yeux. — Par moments je distingue très-bien l'arrière, mais il me semble qu'il n'y a point de pavillon.

— C'est impossible, Maurice; je ne suis pas très-fort en science nautique, mais, en trois ou quatre mois de navigation, j'ai eu le temps d'apprendre qu'il y a toujours un pavillon à bord d'un navire...

— Eh bien ! celui-là n'en a pas... j'en suis très-sûr maintenant... C'est une corvette en miniature; elle est découpée pour bien marcher ; quand il fait du vent, on dirait un oiseau de mer... Elle n'a que deux mâts, et fort penchés en arrière, comme s'ils allaient tomber... Je distingue six sabords, ce qui annonce un petit navire de guerre de douze pièces de canon...

— Voilà une effronterie superbe ! dit Alcibiade ; est-elle comique cette coquille de noix qui déclare la guerre à l'Océan indien !

— Regardez, Alcibiade ; elle vient de faire une manœuvre très-habile, et qui prouve qu'elle connaît ces parages aussi bien qu'un vaisseau sérieux... Elle a descendu vers le sud pour prendre le vent et éviter l'*Ile de Sable*, comme nous avons fait avec l'*Églé*, un peu plus haut, dans la même direction, pour éviter le *Banc de Nazareth*.

— Mon cher Maurice, vous parlez comme un marin consommé... maintenant, je vais vous parler, moi, comme un homme qui connaît la terre...

— Voyons.

— Ce petit navire me paraît suspect; un navire qui cache le pavillon de son pays, est comme un homme qui cache son nom de famille. Je me méfie des choses anonymes... Si nous restons ici, à découvert, nous serons bientôt aperçus... Voici, à droite du golfe, un massif de tamarins sombres comme une association de cavernes ; cachons-nous là, comme des douaniers qui flairent la contrebande, et sans être vus voyons et attendons ce qui va venir.

Maurice approuva d'un signe de tête, et ils descendirent tous deux vers le point d'observation désigné.

Malgré le secours d'une petite brise qui se leva, le navire garda la mer, au moins encore une bonne heure.

C'était, en effet, une miniature de goëlette, qui avait, sans doute, perdu la moitié de ses forces voilières dans quelque ouragan, et qui se traînait sur les vagues comme un albatros blessé à l'aile.

Quand elle entra dans le golfe, comme dans un lieu de refuge, son artillerie resta muette et aucun bruit n'interrompit le chant des tourterelles grises, des cailles et des perruches multicolores domiciliées sur les arbres voisins.

La goëlette jeta un câble à terre, et un matelot l'amarra aux racines d'un cocotier.

L'équipage, composé de dix hommes, resta sur le pont.

Ce golfe et cet atterrage étaient, sans doute, un pays d'ancienne connaissance pour les gens du bord, car aucun d'eux ne daigna donner un regard de curiosité à ce paysage primitif, à cette nature virginale, moitié endormie dans une ombre délicieuse, moitié réveillée au soleil de l'équateur.

Le capitaine, qu'il était facile de reconnaître à ses gestes impérieux plutôt qu'à ses insignes de commandement, car il était nu jusqu'à la ceinture, s'élança d'un bond sur la mousse épaisse qui couvrait la rive, et fit un signe à un homme de bord, son lieutenant présumé.

Maurice et Alcibiade, en observation dans le massif d'arbres, n'avaient pas perdu un seul mouvement du navire et de ceux qui le montaient.

Si un entretien s'engageait entre les deux marins, nos amis se trouvaient placés de manière à tout entendre, et jamais leurs oreilles ne s'étaient ouvertes avec une aussi fiévreuse avidité.

Celui des deux débarqués qui avait des allures de capitaine, se mit à considérer avec une attention singulière toutes les variétés d'arbres qui bordaient la rive droite du golfe ; on aurait cru voir un botaniste en travail de collection pour quelque *Flore* indienne.

Cependant la physionomie de cet homme excluait bien vite toute idée de cette nature.

Sa figure, empourprée de soleil, avait toutes les lignes et tous les caractères saillants de l'audace héroïque ; ses yeux semblait s'être allumés au foyer de l'équateur ; ses bras nus, son col léonin, son torse bruni et sillonné de muscles, annonçaient un exercice de luttes vigoureuses, tout-à-fait étrangères aux mœurs du botaniste et du savant.

Quel était donc ce mystère maritime, qui venait ainsi se proposer comme une énigme à nos deux jeunes Européens?

Aux premiers mots, ce mystère allait être dévoilé.

Servir son pays.

XXIII.

— Capitaine, j'attends vos ordres, dit l'un des deux marins.

— Il faut envoyer deux hommes en chasse, — dit le capitaine, en langue française, et d'un ton résolu.

Les cailles abondent à Madagascar, comme vous savez, il ne faut qu'une heure pour en tuer cent. Voilà de quoi réparer votre long jeûne, en y ajoutant une couffe de riz *benafouli*...

— C'est bien, capitaine...

— Attends encore, mon brave Marapi. Vous mettrez à bord autant de noix de cocos que la cale en peut contenir, et vous en donnerez à nos malade du scorbut. Le charpentier viendra choisir dans ce taillis de quoi remplacer les deux vergues qui nous manquent, et le gouvernail qui est avarié. Voilà le plus urgent. Nous ne resterons ici que très-peu de jours, dès que je pourrai me remettre en mer, je doublerai le cap d'Ambre et le cap Saint-Sébastien, pour achever de me ravitailler dans la baie de Nosse, où nous trouverons ce qui nous manque ici.

— Capitaine, dit l'autre marin, me permettez-vous de faire une observation ?

— Parle, parle, mon brave Marapi.

— Eh, bien! mon capitaine, je crois que nous pouvons trouver dans les attérages de Diégo-Suarez tout ce que nous trouverons de l'autre côté de l'île. Nous sommes en septembre, les courants du canal de la Mozambique sont très-dangereux, et je doute fort que *la Perle*, dans l'état d'avarie où elle se trouve, puisse doubler le cap Saint-Sébastien et entrer dans le canal. Nous risquons de faire côte sur l'île Glorieuse, ou sur l'île Anjouan.

— Très-bien parlé, mon brave Marapi, mais l'œil du maître y voit mieux que l'œil du serviteur, et je persiste dans ma première idée.

— Capitaine, je suis à vos ordres, dit le marin en s'inclinant.

— Voyons, mon brave, quand *la Perle* pourra-t-elle doubler le cap Saint-Sébastien?

— Après les moussons.

— Et que ferons-nous ici, en attendant?

— Nous vivrons de pêche et de chasse.

— Beau métier pour des gens comme nous! Y songes-tu bien, Marapi? toi, le lion de Java ! toi, dont le nom signifie *colère du feu* ! comme le volcan de ton île ! tu consens à te faire chasseur et pêcheur, comme un Hollandais du Port-Natal, ou un planteur suédois de Trenquebar !... Et si cet endiablé de lord Cornwallis, pendant que nous sommes en chasse, nous relance avec une embarcation, comment *la Perle* se défendra-t-elle? — Y as-tu bien songé?

— Il est vrai, capitaine, que nous sommes diablement avariés.

— Combien avons-nous d'hommes à bord?

— Seize, capitaine.

— Combien en état de trouer un sabord ennemi avec un sabre et un pistolet?

— Huit tout au plus, capitaine... La mer, le scorbut, et notre malheureuse descente à Sataoli nous ont détruits tout-à-fait.

— Bien, Marapi! tu vois donc que ce n'est pas sur la côte où je suis qu'il y a chance de se ravitailler complétement. On trouve partout des bois de construction, des noix de cocos, des réserves de pêche, des forêts de chasse, mais il est plus difficile de trouver des hommes, des recrues, des matelots, des loups de mer, pour les associer au noble métier que nous faisons. Je ne suis, moi, ni chasseur, ni pêcheur, ni même corsaire ; je suis un ravageur d'Anglais, un épouvantail que la France a laissé dans l'Inde, après nos désastres sur le Coromandel.

J'ai une grande mission à remplir ; j'ai un glorieux exemple à donner aux marins, mes compatriotes, disséminés sur les deux rives du Bengale, aux îles de la Sonde, à la Nouvelle-Hollande, au Zanguebar. Si tous les colons de France savent m'imiter et font leur devoir, la Compagnie anglaise des Indes est ruinée au bout de trois ans, et lord Cornwallis n'osera plus sortir du fort Saint-Georges, qu'il vient d'élever à Madras. Ainsi ce que n'ont pu faire Suffren et d'Estaing, ces dieux de la mer, nous le ferons, nous, avec des coquilles de noix, plus nombreuses que les îles Maledives et

Laquedives, nous formerons une prodigieuse escadre d'écueils flottants, échelonnés sur la route commerciale d'Angleterre aux Indes, et toute la puissance britannique viendra échouer contre nous. D'autres enfants de la France n'ont-ils pas déjà réussi dans la même entreprise?

N'as-tu pas entendu parler cent fois des flibustiers français de Saint-Domingue? En voilà des héros taillés sur bronze! On voulait aussi les flétrir d'un vieux surnom odieux, et voici comment ils répondirent: Le 24 août 1781, jour de la fête du roi, ils brûlèrent, en signe de réjouissance, deux millions de bois de Campêche, dans la presqu'île d'Yucatan.

Maurice et Alcibiade, embusqués dans le voisinage, avaient écouté cet entretien avec un intérêt sans égal, et plusieurs fois ils s'étaient fait violence pour ne pas sortir de leur retraite.

Mais à ces dernières paroles, ils ne se continrent plus, et ils se montrèrent, avec un visage riant, à ces deux marins.

— Amis! dit Maurice, comme s'il eût répondu au *qui vive?* d'une sentinelle française, placée sur le promontoire de Madagascar.

— Amis! répéta comme un écho, Alcibiade.

Ces deux mots si simples, servant de réponse à une question qui n'était pas formulée, avaient, dans ce moment, un caractère de simplicité sublime.

Les deux marins en entendant du bruit dans les feuilles, et en voyant apparaître deux hommes sur un promontoire désert, s'étaient tout d'abord placés en attitude de défense.

Mais les joyeuses et sereines figures des jeunes gens, leurs gestes pleins d'une grâce exquise, le charme de leurs voix qui prononçaient les plus douces des syllabes françaises, éloignèrent toute méfiance de l'esprit des deux marins, lesquels, du reste, n'étaient pas gens à prendre aisément l'alarme.

— Voilà des amis qui nous tombent du

ciel fort à propos, dit le capitaine ; et d'où venez-vous donc, mes bons amis ? — ajouta-t-il en leur tendant ses mains.

— Nous venons de Paris, dit Alcibiade en riant.

— De Paris ! s'écria le capitaine, et que venez-vous faire ici ?

— Nous venons vous rendre service, capitaine, dit Maurice d'un ton résolu.

— Ma foi ! messieurs, j'accepte tout ce que vous m'offrirez, car j'ai besoin de tout. Mais ceci demande quelques explications préalables. Je suis chez moi, ici, donnez-vous la peine de vous asseoir ; il me reste à bord un quart de jambon de Labiata et quelques flacons de vieux Constance, nous allons causer à l'ombre. Je vais d'abord vous dire qui nous sommes : voilà Marapi, mon lieutenant, créole français, né, par hasard, à Solo, île de Java, et moi, je suis le capitaine Surcouf.

A ce grand nom, Maurice et Alcibiade, qui s'étaient assis déjà sur des siéges de velours naturel, se levèrent, et ôtant leurs larges chapeaux de paille, ils s'inclinèrent de respect devant l'Achille de l'Océan indien.

Deux matelots descendirent du bord avec les provisions demandées, et les quatre convives se mirent en devoir de leur faire honneur.

Quand la première faim fut apaisée, on

se livra aux longs entretiens, selon un ancien usage des matelots avariés, usage qui remonte à ces matelots Troyens réfugiés dans un petit golfe protecteur; Virgile a chanté leurs infortunes navales, leurs repas sur l'herbe et leurs longs entretiens de convives rassasiés (1).

Le capitaine Surcouf apprit donc, dans tous ses détails, l'histoire de Maurice, le voyage de l'*Eglé* à Madagascar, et les projets d'une colonie de déportation. Quand ce récit fut terminé :

(1) *Est in secessu longo locus; insula portum*
Efficit, objectu laterum
. . . .
..... *Prima fames epulis, mensæque remotæ.*
..... *Longo socios sermone requirunt.*

— Jeune homme, dit le corsaire en lui serrant les mains, — croyez à la parole d'un homme qui a la plus belle des expériences, celle que donnent les périls de chaque jour; vous avez payé, en conspirant, votre tribut à des traductions de livres de collége. Il y a bien des manières de conspirer ; vous avez choisi la plus absurde de toutes. Vous avez conspiré avec l'idée évidente de réussir et sans songer qu'après le succès vous autorisiez tous vos ennemis à conspirer ensuite contre vous. Voyez où peut aller un pays ainsi ballotté de complots en complots indéfiniment ! Moi, je me suis reconnu un penchant à faire la même chose. Alors, je me suis dit:

Conspirons contre la puissance maritime de l'Angleterre. Les coups de canon que je tirerai n'effraieront point les vieillards, les femmes, les enfants et les moribonds dans les villes ; ils ne troubleront que les échos de l'Océan de l'Inde, et je ne rencontrerai jamais en France un crêpe ou une robe de deuil que mes cartouches de conspirateur auront noircis. Qui de vous ou de moi raisonnait patriotiquement ?

— Permettez-moi de ne pas répondre, capitaine Surcouf, dit Maurice, comme un écolier devant son maître.

— Au lieu de conspirer contre Bonaparte, vous auriez dû tous venir à son aide, quand il voulait faire une brèche à l'Orient,

— poursuivit l'illustre corsaire, — votre Directoire a été stupide comme le sénat de Carthage, dans une situation analogue. Ainsi, les deux plus grandes choses, tentées par les deux plus grands hommes, ont échoué par la faute de quelques avocats ignorants et jaloux. Bonaparte a été abandonné en Syrie, comme Annibal à Métaponte. Nous étions, tous, ici, des milliers d'Européens et d'Asiatiques, occupés à prêter l'oreille au canon de Saint-Jean-d'Acre ; chaque jour un heureux mensonge nous apportait cette triomphante nouvelle : Bonaparte a forcé la porte de la Syrie ! il a traversé l'Arabie déserte, il a descendu le golfe persique, il a franchi le détroit d'Ormus, il a mis le pied sur le sol de l'Inde ; à son approche, les peuples esclaves se soulèvent des bouches du Gange aux bouches de l'Indus, et l'Angleterre de l'Asie va retrouver contre elle un nouveau Washington venu du Nord ! Hélas ! nous avions trop présumé du bon sens du Directoire !...

Vous avez épuisé vos forces en complots, en luttes, en paroles, en victoires, en défaites stériles. Vous croyez toujours avoir atteint l'apogée de la puissance quand vous gagnez une bataille sur les Allemands, ou quand vous réprimez une sédition dans Paris, et vous vous énervez sous les tiraillements des opinions folles ; vous écartelez la France en lui prêchant l'union ; vous êtes mécontents de votre passé, vous ne savez que faire de votre présent, et vous éteignez tous les phares allumés sur les mille écueils de votre avenir.

— C'est dur, mais c'est vrai, capitaine, dit Alcibiade ; il n'y a que la fréquentation de l'Océan qui puisse mettre cette sagesse dans la bouche d'un homme...

— Vous voyez en moi, continua Surcouf, un homme qui a de très longues heures de nuit et de jour pour réfléchir, et qui trouve de bien rares occasions de formuler ses pensées en langage humain. Les hommes qui m'entourent n'aiment d'autre éloquence que celle du canon. Aujourd'hui le ciel m'envoie deux auditeurs européens, et j'abuse peut-être du droit de me faire écouter...

— Capitaine, interrompit Maurice, tout ce que vous dites nous intéresse beaucoup plus que vous ne pensez...

— Eh bien ! dit Surcouf, j'ajouterai quelques mots encore... Vous aimez votre pays, n'est-ce pas ?

— Sans doute !

— Croyez-vous que pour servir son pays, il faille nécessairement habiter un coin de la France, et voter pour envoyer un tribun muet au Tribunal, ou bien être régimenté dans une des armées qui battent ces éternels Allemands ?

— Je pense, dit Maurice, qu'il y a d'autres manières de servir son pays.

— On sert son pays partout, continua le corsaire. Il y a deux déportés de Sinnamary qui cultivent les mûriers de Chine dans une plantation de Zanguebar : ils servent la France. Il y a cinq fructidorisés qui donnent des leçons de français à la ville du Cap, à Fort-Dauphin et à Goa : ils servent la France. Il y a cent émigrés, connus de moi, qui ont fondé, sur les côtes indiennes, des écoles, des filatures, des usines, des villages : ils servent la France. Vous ne sauriez croire combien l'exil en terre lointaine inspire tous les nobles sentiments du devoir. J'ai vu à Botany-Bay des condamnés redevenir honnêtes par orgueil national, en face de l'étranger qui les regarde. Que ne doit-on pas attendre alors des exilés honnêtes ! Si la moitié de la France déportait l'autre moitié, elles seraient heureuses toutes deux.

— Je le crois, dit Alcibiade; et ce serait peut-être le seul moyen de guérir l'incurable.

— Monsieur Maurice Dessains, dit Surcouf, voulez-vous que je vous fournisse une belle occasion de vous venger de votre pays qui vous exile ?

— Je veux bien, capitaine.

— Eh ! bien ! servez votre pays.

— Ma foi, capitaine, je ne demande pas mieux.

— Jeune homme, un de ces jours je vous montrerai à l'horizon un pavillon anglais défendu par vingt pièces de gros calibre et cent hommes d'équipage, et je vous dirai : Ce soir, ce navire de la Compagnie nous appartiendra : voulez-vous arborer notre drapeau tricolore à misaine de l'Anglais? Que me répondrez-vous?

— Oui.

— Très-bien ! je vous pardonne votre conspiration absurde contre Bonaparte.

Sur ces derniers mots, on entendit un coup du fusil dans les profondeurs du bois : des échos infinis répétèrent cette détonation, et des milliers d'oiseaux, s'envolant de la cime des arbres, couvrirent le ciel d'un nuage d'azur, d'écarlate et d'or.

Un pari de corsaire à pilote.

XXIV.

Ce coup de feu qui retentissait dans la solitude était un appel et une voix ; c'est ce que Maurice comprit tout de suite, et il se levait pour marcher dans le bois à la découverte de son père ou de ses compagnons, lorsque le capitaine Surcouf l'arrêta par ces mots :

— Restez donc ici, monsieur Maurice ; veus ne connaissez pas le pays de ce côté du golfe ; vous allez vous perdre dans une forêt vierge, sans boussole et sans Croix-du-Sud. Vos amis, qui probablement vous cherchent, savent où ils vont; ils suivent la pente du terrain qui conduit à la mer ; ils connaissent leur direction, attendez-les ici.

Et, prenant une carabine de la main d'un matelot qui était descendu du bord avec une provision d'armes, il répondit à l'appel venu des profondeurs du bois.

Aussitôt, un troisième coup dans le lointain.

— Maintenant, — dit Alcibiade, — ce dialogue me paraît fort clair. Nous avons laissé couler, ici, les heures sans les compter. Nos amis de la petite colonie se seront inquiétés de notre longue absence, et ils nous appellent à grands coups de carabine dans le bois.

— Nous sommes en mesure d'attendre nos amis et nos ennemis, — dit Surcouf; — *la Perle* est embossée avec la fierté d'un vaisseau à trois-ponts, et elle regarde le bois avec six sabords ouverts, qui ne sont jamais endormis.

Les yeux des matelots étaient ouverts,

comme les sabords de *la Perle*, dans la même direction, et leurs mains caressaient les crosses des carabines.

On entendit bientôt un bruit confus de voix, multipliées à l'infini par les échos des solitudes, et, dans les éclaircies de la lisière du bois, on vit se détacher, sur la verdure des arbres, les vestes blanches des colons européens.

Le premier qui parut était Sidore Brémond.

Maurice s'élança au devant de lui, et s'excusa de sa longue absence, en lui montrant le curieux tableau que la rive du golfe encadrait.

Cinq condamnés du 14 nivôse, vêtus en

planteurs africains, robustes comme des hommes purifiés par la mer, joyeux comme des criminels qui ont trouvé la vie dans la mort, suivaient Sidore Brémond et contemplaient avec des yeux ravis le spectacle déroulé devant eux.

Surcouf s'était levé pour recevoir les nouveaux venus, et il examinait la figure de Brémond avec cette attention minutieuse qui précède ordinairement l'explosion d'une reconnaissance entre deux anciens amis.

Ce doute allait être éclairci au premier éclat méridional de la parole du pilote de l'*Eglé*.

— Il me semble que je vois la Caranque de la Seyne, quand je vois ce coin de mer,

Dit Brémond en agitant son bras autour de lui.

Voilà le bois de pins de Saint-Mandrier; voilà l'isthme des Sablettes; c'est la même couleur d'eau et de terrain. Oh! la Seyne! la Seyne! le plus beau pays du monde!... Cela me mouille les yeux comme à un enfant.

— Je ne me trompe pas! — dit Surcouf en se précipitant du haut de ses mains sur les mains du pilote.

C'est Sidore de la Seyne!..... Eh bien! est-ce qu'on ne reconnaît plus Surcouf, le camarade du *Pluton* ?

— Surcouf ! — s'écria Brémond avec un visage rayonnant comme l'équateur, — mais qui, diable ! te reconnaîtrait dans cette absence de costume ! Tu ressembles au père Tropique, en négligé d'Océan !... Oh ! mon brave Surcouf !

— Enfants ! — cria Surcouf en se tournant du côté de la *Perle*, feu de babord et de tribord, pour saluer la France qui nous rend visite à Madagascar !

A cet ordre, la *Perle* dérâpa, et, tournant sur sa quille, elle se fit remorquer par une petite chaloupe jusqu'à l'entrée du golfe.

Là, ses deux flancs tournés vers les deux horizons de la mer, elle salua de toutes ses voix les premiers colons de la République française; et le rivage répondit, de vallons en cîmes, de golfes en promontoires, comme une terre morte qui ressuscite à la voix de Dieu.

— Eh! donnez-moi donc des nouvelles de nos amis, — dit Surcouf, en offrant un verre de Constance à Brémond, — comment avez-vous laissé l'Infernet?

— Comme on laisse une tour à l'entrée d'un port, — dit le pilote, en avalant le nectar du Bacchus indien.

L'Infernet est toujours un géant que rien ne peut démolir; c'est un marin à trois-ponts.

— Et le brave Lucas, que fait-il?

— Il se porte bien, comme tout officier qui vient d'avoir de l'avancement.

— Et Tourrel du Martigues ? et le brave Bettanger ?

— Ils ont été blessés à Aboukir à côté de moi. D'excellents marins, et qui doivent aller loin si un boulet ne les arrête pas.

— Est-ce que tu crois aux boulets, toi, Sidore Brémond ?

— Pas plus que toi ; je cite un proverbe.

— A la bonne heure ! Et parle-moi un peu de Ganteaume ?

— C'est toujours un marin de terre ;

mais à part ce défaut, on ne peut rien dire de lui.

— Et Villeneuve ?

— Oh ! un bon marin toujours, celui-là ! mais il porterait malheur à une barque chargée de capucins. C'est un de ces marins qui aiment la mer et que la mer n'aime pas.

— Brémond, j'ai gardé le meilleur pour le dernier...

— Cosmao ?

— Tu l'as deviné, Brémond ; donnez-moi des nouvelles de Cosmao ?

— Toujours debout, comme le cap Sicié. Ah ! ce ne sont pas les bons officiers et les bons marins qui nous manquent ;

ce sont les amiraux... En partant, j'ai entendu dire que Latouche-Tréville était tombé malade. Bon chef celui-là, mais constitution faible. Un marin ne doit jamais garder le lit, comme un chanoine. J'ai beaucoup admiré Jean-Bart, moi, mais quand on me dit qu'il était mort d'une fluxion de poitrine, comme un procureur, je l'effaçai des litanies de mes saints.

— Et maintenant, mon brave Brémond, — dit Surcouf, — veux-tu me faire l'honneur de visiter mon vaisseau-amiral ?

— Ah ! très-volontiers, Surcouf.

— Messieurs, — dit Surcouf en s'adressant aux colons, avec un geste et un sourire des plus gracieux, — je vous fais à tous la même invitation. En votre honneur, j'ouvrirai un écrin d'un grand prix.

— Tu as des perles de Ceylan à bord? — demanda Brémond.

— J'ai mieux que cela dans cet écrin, mon brave Brémond. J'ai un collier de bouteilles de rhum, baptisé à la Jamaïque, et qui devait être bu par Palmer de Batavia.

— Nous le boirons, — dirent les colons en chœur.

— C'est avec cette planche que tu fais tant de bruit, Surcouf?

Dit Brémond en mettant le pied sur le pont de la *Perle*.

— Ma foi, — dit Surcouf, — si j'avais un vaisseau de cent vingt, j'en ferais moins.

— Il a raison, — dit Brémond, — un vaisseau de cent vingt offre trop de marge aux boulets. En mer, la *Perle* est invisible; il suffit d'une vague pour la couvrir : les canonniers anglais y perdent leur poudre et les gabiers leur plomb.

— As-tu bien tout examiné?—dit Surcouf.

— Mais..... oui... tout... il me semble.

— As-tu découvert ce qui manque à la *Perle*?

— C'est singulier, Surcouf; j'examine tout avec mon œil de phoque, et il me semble que tous les *apparaux* et les *agrès* sont au grand complet.

— Mon brave Brémond, — dit Surcouf en frappant l'épaule du pilote, — il me manque huit hommes d'équipage.

— Je persiste,— dit Brémond en riant, — il ne te manque rien.

— Ah! ceci est fort, Brémond!

— Surcouf, tu es Ponentais, et je suis Provençal : voyons qui sera le plus fin des deux. Veux-tu accepter un pari?

— Qu'as-tu à perdre, Brémond?

— Rien; voilà pourquoi je parie.

— Eh bien! que veux-tu gagner?

— Tout, parce que je n'ai rien.

— Alors, choisis dans mon trésor de corsaire.

— As-tu une belle parure de corail à perdre dans un pari?

— Est-ce que nous manquons jamais de ces choses-là?..... Marapi, apporte-moi la corbeille de noces de miss Giulia Holwel.

— C'est une Anglaise que tu vas épouser?

— Est-ce qu'un corsaire a le temps de se marier, mon cher Brémond !..... C'est une corbeille de noces envoyée de Londres à la fille du gouverneur de Ceylan. Elle était estimée quatre mille livres. J'arrêtai au passage ce beau présent nuptial ; je gardai pour moi ce qu'il y avait de moins précieux, une parure de corail et un collier de perles, et j'envoyai le reste à miss Giulia Holwel.

— Voilà un trait charmant ! — dit Alcibiade ; — c'est de la belle galanterie française en pleine mer.

— Un jour, — continua Surcouf, — je me suis montré plus galant encore. Je capturai à bord de l'*Emperor* miss Anna

Heatfield, qui allait se marier à Madras, et je la rendis à sa corbeille de noces.

— Ceci est imité de Scipion, — dit Alcibiade.

— Erreur historique, — reprit Surcouf; — il a été prouvé que Scipion n'aimait pas les femmes, ce qui met au néant cette bonne action de continence, célébrée en vers, en gravures et en tableaux menteurs... Ah! voici la parure de corail de miss Giulia!..... Maintenant, dis-moi, mon brave Brémond, est-ce que tu vas faire un cadeau de noces à la reine des Hovas que tu veux épouser?

— Et pourquoi pas, si elle y consentait? — dit Brémond en éclatant de rire.

— Un jour, je me suis précipité des remparts de Saint-Jean-d'Acre par dévoûment à la République; eh bien ! pour rendre service à mon pays, je me précipiterais encore dans le lit de la reine des Hovas, quoique l'abîme soit plus dangereux.

— Je suis sûr, — dit Alcibiade, — que la reine des Hovas ferait des bassesses royales pour avoir cette parure de corail.

— Pauvre femme ! — dit Brémond en serrant la parure dans sa poche, — elle ira pêcher du corail où elle voudra, mais pas ici...

— Tu regardes donc notre pari comme gagné?

Interrompit Surcouf en riant.

— Comme gagné, Surcouf.

— Mais au moins, mon brave Brémond, tu devrais me faire connaître le pari. Tu es plus corsaire que moi, en ce moment.

— Nous avons parié, — dit Brémond, — qu'il ne manquait rien à bord de la *Pere*

— Oui, Brémond.

— Bien! Combien avais-tu d'hommes d'équipage avant tes malheurs?

— Vingt-quatre.

— Combien t'en reste-t-il pour continuer la course ?

— Brémond, j'en ai perdu huit, il m'en reste donc seize.

— Surcouf, tu as perdu ton pari; il ne te manque rien. Compte : nous sommes vingt-quatre combattants à bord; il ne manque au large que l'Anglais.

Les condamnés du 14 nivôse ôtèrent leurs chapeaux en criant :

— Vive la France! vive la République! vive Surcouf!

— Ah! j'ai perdu!

Dit Surcouf en inclinant la tête.

— Maurice, mon enfant, — dit Brémond en lui donnant la parure de corail, — voilà le cadeau de noces de ta femme, Louise.... quand tu l'épouseras !..... pas avant, bien entendu !

— Est-elle en sûreté, au moins, votre belle fiancée ?

Demanda Surcouf à Maurice.

Maurice regarda son père, comme pour le prier de répondre.

— Elle est à la ferme hollandaise des familles Van-Gelden, — dit Brémond; — d'honnêtes planteurs, des patriarches que Noé a, je crois, déposés sur le cap d'Ambre, en passant. Toutes nos femmes sont là. Nos hommes campent à Sea-Hill, le jour, sous des arbres, la nuit, sous les étoiles, qui sont chaudes ici comme des soleils. C'est ce brave citoyen Alcibiade, le jeune homme le plus corrompu du défunt Directoire, qui a tout réglé dans la colonie des deux sexes, et lui a donné la Constitution de l'an X.

Alcibiade s'inclina comme un législateur justement félicité.

Surcouf écoutait Brémond avec une distraction marquée; ses yeux se tournaient à chaque minute vers l'horizon du golfe d'Oman, et sa figure, toujours sereine, était traversée de quelques lignes soucieuses : au dernier mot de Brémond, il fit un signe à Marapi, qui courut à l'arrière, et lui apporta sa lunette d'approche. Au même instant, tous les yeux se plongèrent avec avidité dans la direction du nord.

— C'est un trois-mâts, navire marchand !

Dit Brémond, en roulant ses doigts devant ses yeux.

— Un superbe trois-mâts ! — dit Surcouf ; — un vaisseau de la Compagnie...

il vient de Surate ou de Bombay, vent arrière et bonne brise..... Marapi, crie au charpentier de monter à bord avec ses deux vergues ; le gouvernail est réparé, c'est l'essentiel. On a travaillé lestement, et on a bien fait..... Enfants, à vos pièces!... Il nous reste cinq heures de jour... Pilote Brémond, il faut gagner votre pari complétement..... Placez-vous au gouvernail... et toutes les voiles dehors!..... La *Perle* est en convalescence, cette promenade la guérira.

Les déportés crièrent trois fois :

— Vive Surcouf !

Un d'eux lui dit :

— Nous sommes des recrues, capitaine, instruisez-nous; qu'avons-nous à faire?

— Ce que je ferai, répondit Surcouf.

Le Swau.

XXV.

Le charpentier, après cinq heures de travail assidu, n'avait pu, même avec l'aide de deux matelots, donner à son travail toute la perfection désirable ; mais *la Perle* était si bien découpée pour la manœuvre, qu'elle se passait d'une restauration minutieusement faite dans toutes les règles de l'art nautique.

A peine eut-elle gagné la mer, qu'elle prit le vent et glissa comme un navire qu'on lance au flot par la rainure d'un chantier de construction.

Maurice et Alcibiade, revenus enfin de la surprise où les avait jetés cet incident inattendu, se communiquèrent, à l'écart et à la hâte, quelques idées, en redoutant toujours qu'un ordre du capitaine vînt imposer silence à tout l'équipage dans ce moment solennel.

— Croyez-vous que la campagne sera

longue, Maurice? demanda Alcibiade avec un sourire sérieux.

— C'est justement ce que j'allais vous demander, Alcibiade.

— Alors, Maurice, je vais vous faire la réponse que vous m'auriez faite ; je n'en sais rien.

— Avec un diable d'homme, comme ce Surcouf, on sait quand on part, et...

— Voilà tout ce qu'on sait, interrompit Alcibiade.

— Au moins, si...

— Eh bien ? au moins, si...

Maurice se tourna du côté de la terre, et ses yeux se voilèrent de deux larmes honteuses.

Le rivage fuyait de toute la vitesse de *la Perle*; les grands arbres s'abaissaient vers le sol ; les collines se mettaient au niveau des plaines, bientôt de Diégo-Suarez au cap d'Ambre, il ne restait plus qu'une ligne confuse, un nuage parallèle à l'horizon.

— Au moins, si vous aviez dit le plus léger des adieux à Louise, poursuivit Alcibiade; vous voyez, Maurice, que je sais ramasser une phrase quand on la laisse tomber.

— Je vous remercie de ce soin, Alcibiade.

— Maurice, la terre disparue oubliez la terre. Soyez à votre devoir. La femme nous empêche souvent d'être un homme, quand le péril est venu.

— Oh! ne craignez aucune faiblesse pour moi, Alcibiade, mon père est ici.

Le capitaine Surcouf, qui était descendu dans l'entrepont, remonta, et fit cesser par sa présence tous les entretiens engagés parmi les marins auxiliaires.

Surcouf avait revêtu son costume de fête; un large pantalon de toile blanche, bordé sur les coutures, de boutons de nacre sans nombre ; une veste de crêpe de Chine bleu, légère comme un tissu d'ailes de colibri ; un gilet blanc, à larges revers, garni de perles à toutes ses boutonnières, une cravate de soie noire, mince comme un collier d'ébène fluide, et un chapeau plat de paille de riz, timbré d'une cocarde tricolore, de la plus grande dimension.

Alcibiade qui n'était pas tout-à-fait corrigé de ses habitude mythologiques, s'écria, en voyant apparaître Surcouf :

— Il ressemble au Neptune de l'Océan de l'Inde ; il ne lui manque qu'un trident de corail !

Surcouf agitait dans sa main droite, au lieu de ce trident, un sabre d'abordage, qui n'avait jamais vu son fourreau ; c'était une bonne lame d'Orient, aiguisée partout et emmanchée dans un treillis de fer, solidement construit.

Ainsi préparé au combat, cet homme, debout sur la dunette, dominant du regard tous les horizons, échangeant avec le soleil la flamme de ses yeux, semblait distribuer les trésors de son audace à quelques matelots, perdus sur l'abîme, et les rendre dignes de la domination de l'Océan.

Il fit un signe à Maurice, et le jeune homme s'avança.

— Eh! bien, monsieur Maurice, lui dit Surcouf, que pensez-vous de ce que vous voyez en ce moment?

— Je pense à faire ce que vous ferez, capitaine.

— Cette conspiration est-elle de votre goût?

— Oui, et je suis fier d'être votre complice.

— Regardez, Maurice, si votre imagination de conspirateur citadin a jamais rêvé quelque chose de plus beau! si votre jeune esprit, qui vous entraînait aux nobles aventures, a jamais conçu quelque chose de plus grand! L'Océan est partout; nulle part la terre. Là-bas un vaisseau anglais avec vingt-quatre pièces de canon; ici un navire d'enfant et quelques grains de poudre. Un duel à mort qui se prépare, et pour seul témoin le soleil!

A la voix du héros de l'Inde, tous les matelots et les déportés accourus autour de lui bondissaient d'enthousiasme, et agitaient leurs armes dont les éclairs se croisaient, avant la foudre prête à sortir.

Sidore Brémond, muet et calme à sa

barre, conduisait le gouvernail avec l'expérience d'un pilote habitué à tous les périls, à toutes les fêtes, à toutes les mers : en ce moment il se regardait comme le père de tous.

Les lunettes d'approche de *la Perle* permettaient déjà de voir la scène qui se passait à bord du navire ennemi.

Les matelots et les nombreux passagers semblaient en proie à une anxiété des plus vives; dans le lointain, *la Perle,* toute couverte de ses voiles, de ses flammes, de ses pavillons, avait un air sinistre, malgré la folle gaîté de ses allures, et les matelots anglais, qui brossent tout avec soin, brossaient déjà les boulets, où luisent les armoiries de la Licorne et du Lion.

Surcouf s'approcha du pilote, et, s'asseyant à son côté, il lui dit :

— Je viens un instant tenir conseil de guerre avec toi.

Le pilote et le capitaine parlèrent bas, et on se mit à l'écart pour respecter leur entretien.

Deux matelots, montés de l'entrepont, jetèrent devant l'équipage tout un arsenal d'armes de choix ; toutes les mains se précipitèrent sur elles, comme des avares sur un trésor mis au partage.

On eût dit que *la Perle* n'était peuplée que d'Achilles découvrant des armes au gynécée de Scyros.

— Deux mots à la hâte, — dit Alcibiade en tirant Maurice à l'écart;— comment trouvez-vous ce vaisseau anglais?

— Quoiqu'il soit encore très-éloigné, ce vaisseau me paraît superbe.

— Trop superbe ! Maurice : je viens de l'examiner à la lunette;il est au moins vingt fois plus grand que *la Perle*. Nous allons assister à une expérience navale fort curieuse. C'est le nain qui va essayer de prendre le géant. Le prendra-t-il?

— Pourquoi pas, Alcibiade, notre Surcouf connaît son métier.

— Je crois qu'il abuse de ses connaissances, cette fois.

— Vous doutez donc du succès, Alcibiade?

— J'en doute si fort, que si nous prenons ce gros vaisseau, je croirai toujours que c'est ce gros vaisseau qui nous a pris.

— Enfin le problème va s'éclaircir...

— Quant à moi, — dit Alcibiade, en

chargeant ses pistolets d'abordage, — je suis digne de mon ancêtre Albert de Saint-Blanchard, qui, envoyé comme ambassadeur civil auprès de don Juan d'Autriche, fut obligé d'assister, malgré lui, à la bataille de Lépante, en 1571, où il fut tué sur un vaisseau espagnol, toujours malgré lui.

FIN DU DEUXIÈME VOLUME.

Pour paraître incessamment

MÉMOIRES
DE
NINON DE L'ENCLOS

Sous Presse :

La Femme comme il faut, par Balzac
La Circé de Paris, par Méry ;
Le Confesseur de la Reine, par Clémence Robert ;
La Haine dans le Mariage, par Paul Feval ;
Le Comte de Carmagnola, par Molé-Gentilhomme ;
La Reine de Saba, par Emmanuel Gonzales
La Haine d'une Morte, par Amédée Achard ;
L'Amant de Lucette, par H. de Kock ;
Le Cadet de Normandie, par Elie Berthet ;
Les Plaisirs du Roi, par Pierre Zaccone.
L'Homme du Monde, par Frédéric de Sézanne ;
Mémoires d'une Femme du Peuple, par Roland Bauchery ;
L'Amoureux de la Reine, par Jules de Saint Félix ;
Marquis et Marquise, par Eugène de Mirecourt
Un Roman, par le comte Armand de Pont-Martin.
Une Fortune mystérieuse, par Ancelot.
Le Benjamin, par Martial Boucheron.

HISTOIRE
DU ROI DE ROME
(DUC DE REICHSTADT),

Précédée d'un coup d'œil rétrospectif sur la Révolution, le Consulat et l'Empire.

PAR J.-M. CHOPIN.

AUTEUR DE L'HISTOIRE DES RÉVOLUTIONS DES PEUPLES DU NORD, ETC., ETC.

OUVRAGE ILLUSTRÉ DE 15 BELLES GRAVURES SUR ACIER.

Dessinées par MM. Philippoteau, Jules David, Schopin, Baron, Staal.

CONDITIONS DE LA SOUSCRIPTION

L'Histoire du Roi de Rome illustrée, forme 50 livraisons.
Le prix de la livraison est de 30 cent. pour Paris et 40 cent. pour la province
L'ouvrage est complet

PARIS — IMPRIMERIE SCHNEIDER, RUE D'ERFURTH, 1

www.ingramcontent.com/pod-product-compliance
Lightning Source LLC
Chambersburg PA
CBHW060358170426
43199CB00013B/1906